Tarô Místico
das Fadas

Barbara Moore

Tarô Místico
das Fadas

Ilustrações das cartas por
Linda Ravenscroft

© Publicado originalmente em 2007 pela Llewellyn Publications.
© Publicado em 2020 pela Editora Isis.

Tradução e revisão de textos: Karine Simões
Projeto gráfico: Rebecca Zins
Layout da capa: Ellen Dahl
Diagramação: Décio Lopes

Dados de Catalogação da Publicação

Moore, Barbara & Law, Ravenscroft, Linda

Tarô Místico das Fadas/ Barbara Moore & Linda Ravenscroft | 1ª edição | São Paulo, SP | Editora Isis, 2020.

ISBN: 978-85-8189-125-5

1. Tarô 2. Oráculo 3. Arte divinatória I. Título.

Proibida a reprodução total ou parcial desta obra, de qualquer forma ou por qualquer meio seja eletrônico ou mecânico, inclusive por meio de processos xerográficos, incluindo ainda o uso da internet sem a permissão expressa da Editora Isis, na pessoa de seu editor (Lei nº 9.610, de 19.02.1998).

Direitos exclusivos reservados para Editora Isis.

EDITORA ISIS LTDA
www.editoraisis.com.br
contato@editoraisis.com.br

Para Jessica, uma jovem notável que combina lindamente o místico e o prático em sua própria magia das fadas, e para Lisa, por sua motivação imbatível e pelo profundo entendimento da carta 10 de Copas. Obrigada, Linda, por criar uma arte tão adorável e por me dar algo tão mágico para escrever, e obrigada, Becky, por esclarecer e aperfeiçoar minha escrita e por projetar um livro tão encantador.

B. M.

Para minha filha Vivien, modelo e musa das fadas, e para suas amigas Lizzie, Myles e Dom, que cobravam apenas uma libra cada por suas habilidades como modelos. Para a pequena Charlotte, que sempre brilhará em nossos corações. Agradecimentos especiais ao meu tolerante e paciente marido, John, a papai e mamãe, meus melhores críticos, à minha irmã Vivien e à pequena Matty, à querida Barbara, que traduziu maravilhosamente minhas ilustrações em palavras, a meus amigos em Macouti – Mel, Helen, Zoe e Nome, mas principalmente à Trish (minha estrela) e ao Stigg (que é um excelente rei); também sou grata ao trio Angi, Merni e Silas da Duirwaigh Studios.

L. R.

Sobre a Autora

Barbara Moore é uma taróloga certificada pela American Tarot Association. Ela participou de diversas conferências de tarô nos Estados Unidos e fez parte do conselho editorial do Tarot Journal. Seus artigos foram citados em várias publicações incluindo na revista *New Worlds of Mind and Spirit* da Llewellyn Publications. A autora estudou com as renomadas estudiosas do tarô Mary K. Greer e Rachel Pollack e repassou seu conhecimento a vários tipos de tarólogos. Sua educação foi e continua sendo ampla e esclarecedora. Ela também escreveu *The Gilded Tarot Companion* (2004) – que faz parte do kit de Tarô Dourado mais vendido de Ciro Marchetti – e *What Tarot Can Do For You* (2004), ambos publicados pela Llewellyn.

Sobre a Artista

Linda Ravenscroft é uma artista britânica autodidata cujas belas imagens de fadas e fantasia podem ser vistas em todo o mundo, de impressões de belas artes a brindes exclusivos e livros com técnicas de desenho e pintura com temática de fadas, como *The Art of Faery* (2003) e *The World of Faery* (2005). O livro *How to Draw and Paint Fairies: A Step-by-Step Guide to Fairy Art* (Watson-Guptill, 2005) foi um grande sucesso, tendo sido traduzido para vários idiomas e vendido em todo o mundo.

Linda também tem um site dedicado à sua arte:
www.lindaravenscroft.com

Sumário

Nota da Artista..11
Introdução 15
    Bem-vindo ao Jardim.. 15
1. Por que Tarô? 17
2. Os Arcanos Maiores..23
3. Os Arcanos Menores..69
4. As Cartas da Corte 159
5. Visitando o Jardim das Fadas..................................185
    Criando um Espaço Sagrado................................ 186
    Fazendo uma pergunta 187
    Selecionando uma abertura................................. 188
    Embaralhando as cartas.. 189
    Distribuindo as cartas 189
    Interpretando a leitura.. 190
    Agradecendo às fadas pela ajuda....................... 191
    Limpando e guardando suas cartas................... 192

6. Aberturas 193
   A Gota de Orvalho 193
   Vitória-régia 194
   Anel de Fadas 195
   Dois caminhos ao jardim 197
   Abertura da margarida – Bem-me-quer, malmequer 198
   Abertura do girassol – Seu aniversário 200
   Pétalas de rosa 202
   Da bolota ao carvalho 203
   Um passeio noturno pela floresta 205

7. Exemplos de Leituras 207
   Darcy no trabalho 207
   Megan e o encontro, parte 1 208
   Megan e o encontro, parte 2 209
   Dia de mudança para kelli 211
   A abertura 212
   A interpretação 212

   Guia de Referência Rápida 215

Nota da Artista

Nasci em 1963 e sou uma típica pisciana. Sempre preferi viver em um mundo dos sonhos, um lugar que eu mesma pintei há muito tempo e que usava como refúgio sempre que as coisas ficavam difíceis. Ainda faço visitas regulares ao meu mundo dos sonhos, embora com muito mais do mundo real incluído nele.

É lá que eu vou para pintar.

Eu moro com meu marido extremamente paciente, John, minha filha Vivien e vários animais de estimação no belo condado de Cheshire, Inglaterra, famoso pelo gato Cheshire, personagem fictício de *Alice no País das Maravilhas*. Minha casa está situada perto de um bosque muito pequeno, que é uma constante fonte de inspiração para mim.

Eu uso várias técnicas para criar minhas pinturas, embora minha favorita seja aquarela pela sutileza das cores e a maneira como elas se misturam.

Minha inspiração vem de muitas fontes. Confio principalmente nos meus sonhos e nos meus sentimentos mais profundos, coisa que faço desde criança. Junto a eles, uso o meu amor pela natureza, instilado em mim desde tenra idade por meus pais e seus maravilhosos contos, mitos e lendas compartilhados comigo na hora de dormir. Agora, como adulta e com mais experiência, sou influenciada também por artistas do passado, como Alphonse Mucha e William Morris, e pela época em que viveram e trabalharam. Também tenho um fascínio pelo sobrenatural e pelo inexplicável; todos esses elementos me ajudam a despertar a imaginação e a criar minhas imagens.

A ideia do povo das fadas ou dos espíritos da terra – chame-os como quiser – é tão antiga quanto o próprio tempo. Para mim, eles representam o mundo natural em que vivemos e, acreditando nos seres feéricos ou não, sinto que eles têm um lugar na nossa sociedade moderna muito mais agora do que no passado.

É hora de olhar para o nosso belo mundo e fazer um balanço de nossos sentimentos e comportamentos em relação ao próximo, de abrir nossos olhos para ver que mal estamos causando.

Acredito que seja mais fácil expressar alguns dos meus sentimentos em meus trabalhos. Ironicamente, o tipo de sentimento que faz você se sentir impotente pode se transformar nas imagens mais encantadoras. Geralmente, essas são algumas das minhas maiores e mais complicadas pinturas, cada uma contendo minhas mensagens de esperança e talvez um lembrete gentil para cuidar do próximo e do mundo como um todo.

A maioria das minhas imagens é serena e benigna, embora todos tenhamos um lado mais sombrio e apaixonado esperando para emergir. Afinal, somos apenas humanos.

Eu realmente acredito que todos nós temos um pouco de magia das fadas em nossos corações nos ajudando a tomar as decisões certas em nossas vidas; basta procurá-la.

Eu pintei este baralho com a inspiração e o amor pelo nosso próprio jardim místico, este nosso maravilhoso mundo. As histórias contidas nas cartas estão lá para questionar a maneira como vivemos e tratamos nossos semelhantes. Espero que esse tarô traga esperança e boa sorte a todos que fizerem uso dele.

Ilumine-se e viva seus sonhos.

Linda

Introdução

Bem-vindo ao Jardim

Você está pronto para uma aventura? Ao entrar nos reinos do *Tarô Místico das Fadas*, você explorará o mundo encantado dos seres feéricos. Qual tipo de jornada você experimentará?

Imagine-se em um jardim há muito tempo esquecido – coberto de vegetação, malcuidado, porém bonito e sedutor. Você é atraído e compelido a explorá-lo. Um toque de cor aqui, uma forma intrigante lá. Uma folha macia pede para ser tocada e um aroma floral picante captura sua atenção. Você ouve um som quase inaudível, talvez de uma abelha voando de flor em flor, e mal sabe onde procurar primeiro. Então, você caminha em direção a uma seção de flores roxas.

Conforme se aproxima, você percebe um caminho parcialmente escondido pela folhagem. Observando-o através das variadas folhas verdes que obscurecem sua visão, você percebe a luz do Sol refletindo em algo. Tentando se concentrar, você tem a impressão de estar vendo um pequeno pássaro, com suas asas mexendo suavemente o ar. Mas não se parece com nenhum pássaro que você já tenha visto.

As cores ricas e o movimento gracioso são mágicos demais para ser uma ave. Captou a ideia?

As fadas do *Tarô Místico das Fadas* ajudarão a guiar o seu caminho pelo jardim. O jardim representa a sua vida e o tarô pode ajudá-lo a encontrar o seu caminho. Você pode usá-lo para explorar possibilidades e tomar melhores decisões para criar a vida que deseja ter. Pode encontrar maneiras de alcançar os desejos do seu coração e descobrir a melhor forma de realizar seus sonhos. À medida que avança, você descobrirá coisas sobre si mesmo e aprenderá a usar seus pontos fortes. Você verá coisas que não aprova em seu comportamento e sua maneira de pensar, fraquezas e partes de si mesmo que gostaria de mudar. Ao identificá-las, poderá eliminá-las e se transformar. Se desejar, também poderá enfrentar seus medos e encontrar coragem para vencê-los.

É pedir muito de um adorável baralho? Na verdade, não. As pessoas usam o tarô há décadas, talvez séculos, como um meio de autodescoberta. Ao longo dos anos, o tarô ajudou muitos buscadores a encontrar o que procuravam.

Este livro servirá como um mapa para ajudá-lo a navegar e usar os elementos contidos nas cartas das fadas místicas. Primeiro, você descobrirá o que é um baralho de tarô e por que este é tão especial. Em seguida, você será apresentado a todas as cartas. Por fim, você aprenderá como fazer uma leitura.

O jardim das fadas é realmente um lugar maravilhoso. Explore-o para encontrar a magia e admirar-se com sua vida. Que cada passo da sua jornada seja encantado.

1

Por que Tarô?

Há séculos o tarô tem sido usado para adivinhação por pessoas que querem saber o que o futuro lhes reserva. Mas esse não é o melhor uso das cartas, pois o futuro não está gravado em pedra: você tem o poder de fazer seu próprio destino. Pode-se usar o tarô para descobrir o que do passado está afetando seu presente, o que está acontecendo agora que você precisa estar ciente e até o que um provável futuro lhe reserva, todavia, esse futuro está sempre sendo refeito pelo presente; a cada instante você tem a oportunidade de tomar decisões que mudarão seu destino.

Por que o tarô é tão eficaz? O que torna o tarô diferente de qualquer outro baralho de cartas? O tarô não é uma coleção aleatória de imagens bonitas e nomes estranhos. É um baralho cuidadosamente projetado para abranger todos os aspectos da experiência humana –de grandes eventos, como se formar na faculdade, a acontecimentos cotidianos, como brigar com um ente querido. Por meio dele, é possível até identificar seus traços de personalidade ou de outras pessoas em sua vida.

Como isso acontece? Um baralho de tarô tem setenta e oito cartas divididas em três partes principais: os Arcanos

Maiores, os Arcanos Menores e as cartas da corte. Cada uma dessas seções envolve um aspecto diferente da vida.

Arcano significa "mistério" ou "segredo". As vinte e duas cartas dos Arcanos Maiores são identificadas por um nome (como O Mago, A Imperatriz, A Morte ou O Sol) e um numeral romano. As imagens dos Arcanos Maiores mostram os principais eventos da vida e servem como sinalizadores que definem onde você está em seu caminho. Você também pode usá-las para obter informações sobre o que esperar ao enfrentar esses grandes eventos.

Os Arcanos Menores são constituídos por quarenta cartas e são divididos em quatro naipes – Paus, Copas, Espadas e Pentáculos – numerados de ás a dez. Cada carta é rotulada com número e naipe. Os Arcanos Menores mostram eventos e situações que enfrentamos no dia a dia. Cada um dos naipes se concentra em uma parte diferente da vida, como carreira, sentimentos, problemas e dinheiro. Embora não tenham o apelo dos Arcanos Maiores, os Arcanos Menores constituem a maior parte da sua vida. Não cometa o erro, como alguns fazem, de pensar que são cartas secundárias.

Existem dezesseis cartas da corte, com um rei, uma rainha, um cavaleiro e um valete para cada um dos naipes dos Arcanos Menores. Cada carta, assim como os Arcanos Menores, é rotulada com nome e naipe e mostra as várias pessoas em nossas vidas e os diferentes aspectos de nossa própria personalidade.

O design único deste baralho define incrivelmente bem todos os aspectos da experiência humana. Ele é mais do que palavras, nomes de cartas ou interpretações que rotulam experiências de maneira simples – porque a vida é tudo menos óbvia e conveniente. As palavras fornecem uma estrutura e um entendimento básico, mas as figuras nas cartas são essenciais para o poder do tarô. É olhando para elas que a magia acontece.

Muitas vezes, quando você pensa que não sabe o que fazer, você realmente sabe, mas o medo, a lógica ou o que as outras pessoas pensam atrapalha. O tarô pode ajudá-lo a superar essas coisas e encontrar as respostas em seu coração. Para isso, você precisa de uma ponte, um lugar onde seu coração possa se comunicar com sua mente. Às vezes, esse lugar é chamado de imaginação – o que proporciona um leque de possibilidades. As figuras nas cartas de tarô criam uma conexão entre o consciente e seu eu interior, um espaço para acessar as respostas que residem em seu coração. Quando você está nesse espaço, pode ver coisas que normalmente estariam ocultas e possibilidades e respostas que antes pareciam tão esquivas e agora estão mais acessíveis.

Os nomes das cartas e as seções estruturadas do baralho são ordenadas e racionais. São a linguagem do seu consciente como forma de ajudá-lo a se sentir mais confortável. Já as imagens são a linguagem do seu eu interior. Quando se juntam as palavras e as imagens, tem-se o tarô – uma ponte perfeita entre sua mente e seu coração. Ao fazer suas leituras e interpretar as cartas, lembre-se de que as palavras deste livro estão aqui para ajudá-lo – embora elas não tenham todas as respostas. Para ter uma visão completa, você deve observar cuidadosamente as figuras e deixar sua mente brincar com as imagens. Preste atenção às coisas que se destacam. Pensamentos e sentimentos desencadeados pelas imagens podem muito bem significar mais para você do que as palavras deste livro.

Por mais incrível que seja o tarô, algo poderoso acontece quando as fadas são adicionadas a ele, especialmente as que habitam um mundo criado por Linda Ravenscroft. As fadas que ela pinta são, além de extremamente bonitas, substanciais e ricas em estilo. Estilisticamente, a artista apresenta imagens complexas e atraentes que fornecem não apenas uma ponte, mas também um verdadeiro *playground* para sua imaginação. Seu trabalho convida você a explorar as profundezas do jardim das fadas e a interagir com os seres que o habitam. É mais que um convite, é uma convocação. A arte de Linda cria um portal luminoso que fortemente o atrai para um reino paralelo onde você poderá deixar tudo fluir naturalmente e, assim, estar aberto a todas as possibilidades.

Se sua única meta fosse estilística, isso seria suficiente para diferenciar este baralho de outros. No entanto, há um caráter substancial mais profundo. Ao criar esse baralho, Linda disse: "Acredito que todos temos um pouco de magia das fadas em nossos corações nos ajudando a tomar as decisões certas em nossas vidas. Espero que minhas pinturas ajudem as pessoas a parar e pensar um pouco e, ainda assim, encontrar algum conforto e esperança em suas vidas. Sempre imaginei esses seres de mãos dadas com a natureza, como guardiões do mundo. As imagens que estou tentando retratar são as de uma raça sábia, carinhosa e orgulhosa de seu povo, que têm laços de sangue com a natureza".

O *Tarot Místico das Fadas* é habitado por criaturas que fazem parte do mundo natural de uma maneira que só podemos imaginar, pois somos separados por aquilo que nos torna humanos – nossa autoconsciência. Entretanto, é o desejo do nosso coração estar conectado e em equilíbrio com a natureza. No nível psicológico e, provavelmente, mais ainda no nível da alma, o desejo de estar conectado com o universo é o que nos move. Nossas crenças espirituais e religiosas e nossas histórias e mitos interagem com esse querer.

Infelizmente, não podemos nos conectar totalmente com a natureza da mesma forma que as fadas, mas podemos entrar em equilíbrio com o universo. Quando nos sentimos certos e confiantes de nossas escolhas e sabemos que estamos seguindo nossos corações, nosso relacionamento com o universo e com a natureza fica em harmonia. Quando estamos incertos ou confusos, perdemos o equilíbrio.

Os seres do *Tarot Místico das Fadas* acreditam que pessoas com uma forte conexão com a natureza fazem escolhas saudáveis e equilibradas que, consequentemente, aumentam a saúde e o equilíbrio do universo. Como guardiões do mundo natural, é parte da missão deles nos ajudar a manter um relacionamento adequado conosco, com os outros e com o mundo.

Ao embaralhar e dar as cartas, você pode se sentir vagando aleatoriamente pelo jardim das fadas, mas saiba que nada é aleatório; as fadas estão guiando você em direção ao caminho certo.

Linda criou uma ferramenta complexa para ajudá-lo a encontrar o que procura e muito mais. Sem mais delongas, vamos visitar o jardim das fadas e descobrir quais aventuras lhe esperam!

2

Os Arcanos Maiores

Você está prestes a entrar no mundo encantado das fadas místicas. Esta parte do jardim é o lar dos Arcanos Maiores. Aqui, você explorará os maiores segredos ou mistérios da sua vida.

Alguns seres feéricos que representam os arquétipos são do sexo masculino e outros do sexo feminino. Isso não significa que as cartas representem especificamente um homem ou uma mulher, embora seja possível. Lembre-se de que essas cartas refletem mais precisamente a energia masculina ou a feminina e as pessoas expressam os dois tipos de energia em suas vidas.

O

O Louco

Criança por excelência, este ser feérico maltrapilho que tem vestes esfarrapadas e cara de travesso reside em meio a flores brancas que simbolizam sua inocência. Não deixe que isso engane você; inocência não implica falta de sabedoria. Tradicionalmente, sabe-se que os tolos falam a verdade quando outros têm medo.

Quando estamos nesta parte do jardim, encontramos respostas que correm sob a sabedoria da sociedade, respostas estas que podem ser contrárias ao que um adulto normalmente sugeriria. A opção indicada pode parecer tola, no entanto, vale a pena considerá-la.

Ele brinca com bolhas, esferas delicadas que podem explodir com um leve toque, e, embora ele possa jogá-las sem medo de destruí-las, para nós, humanos, elas representam um breve momento de escolhas maravilhosas. Estamos em um lugar onde muitas coisas, talvez todas, são possíveis. As bolhas flutuam levemente com o vento e podem, a qualquer momento, ir em uma direção inesperada. Essa tendência imprevisível as torna um pouco assustadoras. Como essas oportunidades não duram muito, devemos ter fé em nossa fantasia, escolher um caminho e seguir com o coração pleno.

Os sinos em seu gorro criam um som alegre e divertido sempre que ele se move. Ele consegue apreciar as encantadoras notas sem distração. Nós, no entanto, devemos ter em mente que chapéus e gorros são símbolos que, por cobrirem a cabeça, geralmente representam pensamento consciente. Em sua vida na parte feliz do jardim, onde todas as possibilidades existem, os sinos são apenas parte da experiência. Para nós, porém, eles são um aviso para tomar cuidado com pensamentos excessivos. Quando analisamos demais, corremos o risco de ceder ao medo e à preocupação e, assim, perder as oportunidades mágicas que desaparecerão muito em breve.

Sua Mensagem

No jardim do Louco, você está cercado por escolhas encantadoras que irão desaparecer se você se distrair as analisando. Não é hora de fazer listas de prós e contras. Pelo contrário, é um momento de ter fé infantil nos anseios de seu coração e seguir seus sonhos.

1

1 • O Mago

O Mago

Este ser confiante se cerca de uma estranha combinação de elementos mágicos e mundanos. Em um altar cerimonial, ele organiza uma espada, um recipiente com água e uma moeda com um pentáculo, símbolos antigos e místicos dos elementos do universo, e segura um bastão, que é o quarto elemento. Os baralhos comuns também têm os quatro naipes que equivalem aos Arcanos Menores, mas com nomes popularmente reconhecidos: Paus = Paus; Copas = Copas; Espadas = Espadas e Pentáculos = Ouros.

Seja um mágico de palco, um charlatão ou um mago como Merlin, todos eles são complicados, e este não é exceção. Ele entende com maestria o conceito mágico de "Assim na terra, como no céu", que pode significar tanto que aquilo que está em um nível universal é refletido em um nível mundano como "o que você pensa, você cria", indicando que suas experiências são criadas a partir de seus pensamentos. A carta O Mago é totalmente voltada para a mente, ao contrário da carta O Louco, que é sobre não pensar.

Nosso Mago sabe como ele quer que as coisas sejam e embaralha as cartas sabendo que elas ficarão do jeito que ele desejar. Com enorme talento e habilidade, este ser feérico embaralha e determina as cartas com confiança, pois sabe que aquilo que ele cria está em equilíbrio com o universo. Nós, seres humanos, no entanto, devemos ter cuidado, pois, embora tenhamos muito poder, precisamos considerar as consequências de nossas ações. O Mago tem consciência disso e suas vestimentas refletem sua forma de pensar. Ele veste um marrom comum e mundano – a matéria-prima da vida – e, sobre seu traje, há uma pequena capa azul e vermelha, cores que representam pensamento e intenção. Isso lembra a ele e a nós que a responsabilidade de nossas ações repousa sobre nossos ombros.

Sua Mensagem

Enquanto estiver nesta parte do jardim, você será lembrado que tem mais controle sobre sua vida do que pensa ou sente no momento. Essa é uma noção maravilhosa de empoderamento. Mas os humanos podem ser descuidados, insensatos ou ter uma visão distorcida da situação. Você deve estar ciente de que tudo o que faz tem consequências, às vezes mais graves ou perigosas do que você possa imaginar. Assim como o Mago, você tem poder e habilidade; use-as bem.

2

2 • A Grande Sacerdotisa

A Grande Sacerdotisa

Com uma imagem de perfeita serenidade, essa xamã se conecta em todos os níveis com o que ela valoriza acima de tudo. Ela escolhe como base uma pedra talhada no antigo formato da Terra, esculpida com espirais representando a natureza cíclica da vida. Para direcionar seus pensamentos, ela seleciona para sua cabeça um ornamento que enlaça um orbe e contém penas que representam as aves, seres que transmitem conhecimento secreto àqueles que se dispõem a ouvi-los.

Os xamãs humanos são conhecidos por mudarem sua forma para a animal. Uma fada xamã se conecta ao mundo natural de uma maneira muito mais profunda – partes de suas asas se tornam videiras, conectando-a àquilo que ela mais ama, a Terra. Ela usa um vestido verde com veias que se assemelha a uma folha, como se ela própria pudesse se tornar uma planta, para estar mais conectada ao solo. Mãos são símbolo de manifestação, por isso ela segura outro orbe, como faria com um grande tesouro.

Ela mora perto de um poderoso carvalho. Tanto na mitologia humana quanto na feérica, os carvalhos são associados ao antigo poder universal e simbolizam uma forte conexão com o divino.

Sua Mensagem

Quando você se encontra nesta parte do jardim, sua tarefa é clara: você deve identificar o que mais valoriza no mundo. O conhecimento que você procura está nesse valor, independentemente de outras circunstâncias. No entanto, esse valor se manifesta através de um sistema de crenças religiosas ou espirituais, da família ou de outros meios. Entregue-se a ele e se conecte de todas as maneiras possíveis. Crie um espaço sagrado como a Sacerdotisa fez e fique lá até encontrar perfeita paz e serenidade. Nesse espaço, você ouvirá, se estiver disposto a ouvir, a resposta que procura.

3

A Imperatriz

Se encontrarmos a Imperatriz, provavelmente será na parte mais exuberante e luxuosa do jardim das fadas. Essa fada é o arquétipo da mãe, cheia de energia provedora e amor por todas as coisas que encantam os sentidos.

Ela está sentada no alto de uma papoula colorida, cercada por alegres margaridas cheias de vida. Tudo em seu jardim é saudável e a diversidade é abundante. Embora seja verdade que ela ame observar tudo a sua volta crescer, há um lugar especial em seu coração para apreciar o início da vida, por isso, é natural que ela mesma esteja grávida. Apesar das cores vibrantes e das formas extraordinárias que a cercam, ela contempla monocromáticos grãos de trigo, pois ali, no que pode parecer uma paisagem sem graça, está o começo da vida – as sementes dos futuros campos de trigo.

Com toda a sua volúpia, ela usa a cor lavanda, símbolo de sabedoria espiritual, pois sabe que precisa de um conhecimento superior para nutrir os seres vivos. A sabedoria que ela personifica, em princípio, parece simples, mas é incrivelmente difícil, especialmente para os seres humanos. Observe que a cabeça dela está coberta de pequenas flores roxas e algumas delicadas penas. Ela dá a todos que nutre sabedoria para um começo forte e beleza suficiente para suportar quaisquer provações. Ao fornecer os meios, ela faz mais do que aparenta, pois sabe a diferença entre nutrir e controlar e que as coisas crescem melhor quando são fiéis à própria natureza.

Sua Mensagem

Então, você se vê diante de uma clara, embora desafiadora, resposta. Você está em posição de nutrir algo e deve dar o melhor de si para isso, mas não o suficiente para apagar a personalidade de alguém ou estragar um projeto, um relacionamento ou uma situação que considera confiada aos seus cuidados.

4

O Imperador

Aqueles que esbarram com o Imperador podem pensar que ele talvez seja o mais infeliz de todos os seres. Seu jardim é diferente da maioria: seu trono de pedra é mais ornamentado e seu reino mais esparso. Além disso, ele está usando sapatos, o que definitivamente não é algo que os seres feéricos usam. Estamos certos em presumir que ele voluntariamente decidiu representar um arquétipo humano, atitude que não se aplica aos seus semelhantes.

O papel do Imperador carrega muita responsabilidade. Isso fica evidente pelo longo manto real roxo, enfeitado com ouro, mostrando que o bem-estar de muitos repousa sobre seus ombros. Ele segura um escudo com uma imagem que se assemelha a uma águia estilizada. Por se tratar de um animal estilizado no lugar de um da natureza, sabemos que ele está encarregado de proteger e defender um sistema legal de valor artificial. Os sapatos, especialmente em fadas, representam convenções sociais.

Ele usa chifres de carneiro porque lidera e protege com grande ímpeto. As folhas de carvalho em sua cabeça mostram que, enquanto defende as instituições do homem, ele tenta incorporar sabedoria universal atemporal em todas as suas decisões e ações. De fato, nós, humanos, acreditamos que nossas melhores práticas legais, governamentais, religiosas, sociais e educacionais se baseiam em alguma verdade superior e servem a um bem maior, criando ordem para que todos possam viver vidas pacíficas e gratificantes.

Essa é a chave para criar e praticar convenções humanas. Os seres feéricos querem que testemos nossas leis e crenças para garantir que estejam alinhadas com o que é melhor não apenas para nós, mas para o planeta como um todo. Somos responsáveis por nosso próprio bem-estar, bem como o da Terra e de todos os seus habitantes.

Sua Mensagem

Quando você estiver no jardim do Imperador, considere as instituições que podem estar por trás de sua situação ou pergunta. Elas estão direcionando você de modo a respeitar os outros e o futuro do planeta? Existe uma maneira de mudar a instituição para que ela fique mais alinhada com o universo? De que forma você pode agir para fazer um bem maior?

5

5 • O Hierofante

O Hierofante

Assim como a Sacerdotisa, o Hierofante é um xamã. Ele também se conecta profundamente à Terra e usa trajes semelhantes. Sentado em uma pedra antiga que usa como trono, ele permite que suas asas cresçam como videiras em direção ao solo.

A diferença entre esses dois xamãs é significativa. Ela fecha os olhos, centraliza-se, ouve em silêncio a sabedoria antiga dos pássaros e nos orienta a olhar para dentro, para encontrarmos equilíbrio e verdade. Dessa forma, seu xamanismo personifica uma energia feminina.

O Hierofante, no entanto, mostra-nos uma visão mais masculina do xamanismo. De olhos abertos, ele vê o mundo através dos olhos de seu conhecimento. Ele segura seu orbe com uma mão enquanto gesticula com a outra, indicando o desejo de manifestar mudança no mundo. Em sua cabeça, ele usa um ornamento com galhos – em vez de ouvir a sabedoria interior como a Sacerdotisa, ele se enraíza na terra, deixando que o conhecimento se ramifique para fora.

A Sacerdotisa tem uma sabedoria interior que conhecemos como intuição, uma maneira de saber que nem sempre podemos explicar, ao passo que o Hierofante está interessado em formalizar essa sabedoria antiga para que ela possa ser compartilhada mais facilmente com as pessoas. Em termos humanos, ele é a soma do conhecimento humano e a maneira pela qual passamos esse conhecimento para as gerações futuras. Em suma, ele é um professor.

Sua Mensagem

Quando você estiver no jardim do Hierofante, esteja preparado para se empenhar em aprender alguma coisa. Sua resposta deve ser encontrada dedicando-se a algum tipo de programa de estudo. Pode ser aprofundando sua educação formal, sua espiritualidade ou aprendendo uma ideia ou prática totalmente nova. Seja o que for, exigirá comprometimento e trabalho de sua parte. O conhecimento que você procura está disponível, mas você deve encontrar o professor certo; ou talvez esteja na hora de você ser professor de outra pessoa.

6

Os Amantes

Este casal feérico apaixonado está perdido nos braços um do outro, onde encontram consolo e uma sensação de completude. Eles formam uma bela e requintada união das naturezas masculina e feminina. Tradicionalmente, a energia feminina é gerada no coração, assim, o parceiro deita gentilmente a cabeça no coração da fada, e a energia masculina reside na mente, motivo pelo qual ela abraça a cabeça dele. Conscientes de suas próprias fraquezas e das forças um do outro, eles se unem de bom grado para completar um amor em perfeito equilíbrio.

Esse feliz par reside entre macieiras que magicamente dão frutos e flores ao mesmo tempo. Ao estarem juntos, eles criam uma energia que fornece alimento contínuo – frutos para o momento e promessa de frutos no futuro.

Contudo, as coisas não são tão simples quanto parecem. Não se trata necessariamente de amor, mas de trazer magia e poder à sua vida. As maçãs há muito tempo representam a necessidade de fazer uma escolha. Embora a Bíblia não especifique que a Árvore do Conhecimento do Bem e do Mal seja uma macieira, geralmente, ela é retratada como uma. Quando você entra nesta parte do jardim, provavelmente se depara com uma escolha. O que você escolhe: a fruta ou a flor? Ambas podem ser desejáveis, mas seria uma delas verdadeira magia e a outra apenas glamour?

Sua Mensagem

O casal deixa uma pista: não escolha com pressa e não escolha necessariamente o que chama sua atenção primeiro. Vá com calma e avalie seus pontos fortes e fracos. Imagine sua vida primeiro com uma escolha e depois com a outra. Qual é a mais adequada para proporcionar equilíbrio em sua vida? O que quer que esteja considerando trazer para sua vida, busque equilíbrio. Depois de fazer sua escolha, agarre-se a ela com paixão e a magia e a beleza o acompanharão.

7

7 · O Carro

O Carro

Ao longo de nossas andanças pelo jardim das fadas, algo no céu chama nossa atenção. Ao olharmos para cima, podemos ver uma fada muito segura de si dirigindo um dispositivo improvável guiado por dois grifos.

Essa fada ilustra uma incrível realização. Os grifos preto e branco representam ideias, problemas ou situações opostas. Em vez de ser puxada contra sua vontade em duas direções diferentes, ela controla os dois, aparentemente, sem muito esforço. Os grifos parecem lutar um pouco, como se não estivessem acostumados com arreios. Ela, no entanto, fica ereta, com postura destemida de mestre do Carro.

O ornamento em sua cabeça mostra que sua vontade é moldada por sua conexão com a terra e com a sabedoria das criaturas do ar. Orbes minúsculos voam, como se caíssem de seu ornamento. Eles são uma espécie de pó de fada, mágicos em seus efeitos – neste caso, a capacidade de controlar feras mágicas. Esta mesma magia está disponível para os seres humanos, sob a forma de nossa vontade. Quando nos elevamos diante do caos que nos cerca, conseguimos ver com mais clareza e identificamos as principais coisas que precisam de nossa atenção. Uma vez que enxergamos nossos grifos metafóricos, podemos seguramente colocá-los sob nosso controle, em vez de nos sentirmos como vítimas das circunstâncias.

Sua Mensagem

O Carro lembra você de dar um passo atrás e tomar nota dos principais problemas que estão causando sua situação. Você provavelmente encontrará duas forças opostas puxando você. Isso acontece quando se escolhe duas coisas em vez de uma. A chave é encontrar uma maneira de convencer as duas forças a avançarem na mesma direção. Pode parecer impossível, mas, se o Carro cruzar seu caminho, você saberá que é realmente possível e que será para o seu bem.

8 • A Força

A Força

Durante a jornada pelo jardim das fadas, passeando por um bosque, podemos encontrar uma fada requintadamente cativante: a Força e seu dragão. Normalmente, os dragões são motivo de alarme, mas não há necessidade de se preocupar nesse caso. Ela tem tudo sob controle.

Os dragões são elementais antigos e incorporam o grande poder e o perigo do núcleo da própria Terra. No entanto, à distância, quando voam, são elegantes e graciosos. Como amantes da Terra, os seres feéricos são atraídos por dragões, apesar do perigo – pois nem todos podem controlá-los. As habilidades de um dragão unidas à sabedoria de uma fada formam uma força formidável, mas, antes de um ser feérico se unir a um dragão, ele deve entender isso.

Pelo fato de estarem tão profundamente conectados à Terra, para eles, os dragões representam o seu eu mais cru e indomável, assim como quando os humanos falam do seu lado "animal". Portanto, não é tão difícil para um deles entender um dragão; eles só precisam examinar suas motivações e impulsos indomáveis. Essa fada fez isso e descobriu que nem todos os desejos básicos são ruins, pelo contrário, são fontes neutras de poder a serem canalizadas. Assim, ela não esconde sua conexão e admiração por seu companheiro dragão. Em vez disso, ela se adorna orgulhosamente com os símbolos da força e do poder que encontrou através desse relacionamento.

Sua Mensagem

Se você estiver neste bosque quando a noite cair e não tiver certeza do que fazer, a Força o lembrará de compreender seu dragão interior. Reconecte-se com a parte em você que está ferozmente conectada com o poder mais profundo da Terra e encontre o centro derretido que disparará sua coragem. Em seguida, imprima sabedoria para que você possa exercer seu poder com elegância, graça e precisão.

9

O Ermitão

Quando nos deparamos com um círculo de cogumelos no jardim das fadas, estamos vendo um anel de fadas abandonado. Seria bom olhar atentamente para ver se o lugar está realmente deserto ou se o Ermitão está lá, espreitando silenciosamente nas sombras. Embora seja um solitário por natureza, ele não evita a companhia daqueles de sua espécie ou mesmo dos humanos.

Apesar de sua aparência bastante fofa, esse ser feérico está em uma séria missão: ele busca o autoconhecimento.

Sua bengala, que também serve como varinha, representa sua vontade. Seu traje humilde é decorado com dois botões vermelhos brilhantes, indicando seu desejo de encontrar o que procura. A luz que ele carrega contém todo o conhecimento que ele adquiriu até agora. Às vezes, ele a usa para ajudar outros que estão na mesma situação a encontrar seus caminhos.

Ele visita anéis vazios de fadas porque consegue sentir a energia que resta depois que sua espécie se vai. Ele pode examinar, quieto e sozinho, o conhecimento e a sabedoria que eles abandonaram. O Ermitão prefere fazer isso por conta própria, para que ele possa comparar as crenças sociais coletivas com as que residem em seu próprio coração.

Essa missão é diferente da maioria porque ele não espera que ela termine. É uma jornada ao longo da vida. A cada passo que ele dá e a cada experiência que ele tem, sua compreensão muda. Observe seu gorro esfarrapado e mal costurado: o que ele pensa e acredita é constantemente restaurado à medida que o tempo e o novo conhecimento mudam o que ele pensa.

Sua Mensagem

O Ermitão quer que você colete tudo o que acha que sabe e passe algum tempo a sós com isso. Compare a sabedoria do seu coração com as suas experiências atuais. É um desafio manter o que você acredita, sabendo que seu entendimento mudará constantemente. Libere o que não funciona, mantenha o que funciona e continue refazendo seu próprio sistema de crenças.

A Roda da Fortuna

Quando vagamos na presença da Roda da Fortuna, podemos nos surpreender com uma fadinha vestida de cor-de-rosa confiada a proteger a roda. Enquanto ela clama e corre em volta, pensamos que ela está mais brincando do que protegendo. Certamente, essa imagem incongruente guarda uma mensagem para nós.

A roda é adornada com símbolos astrológicos que denotam a virada de um ano solar. Como o tempo das fadas é diferente do nosso, não devemos interpretá-lo tão literalmente. Entretanto, a roda mostra os ciclos da vida, que podem ou não passar na mesma velocidade que o tempo, já que as fases de nossas vidas podem se mover rápida ou lentamente. Nós, humanos, costumamos dizer que a vida é feita de altos e baixos – e com isso queremos dizer que temos bons e maus momentos. No entanto, essa roda não mostra coisas boas ou ruins, apenas fases diferentes, cada uma com suas próprias vantagens e desvantagens.

A Roda da Fortuna não é muito sobre o que acontece conosco; essas coisas são ilustradas nas outras cartas do tarô. É mais sobre a nossa atitude em relação às vicissitudes da vida. Eventos que nos testam e nos ajudam a aprender e a amadurecer. Às vezes, eventos difíceis (como os representados pela Torre ou pela Morte) são necessários para trazer coisas melhores para nossas vidas (como as representadas pela Sacerdotisa ou pela Estrela).

E a fadinha cor-de-rosa? Ela explora e valoriza todas as experiências, buscando as recompensas, as alegrias e as lições a serem aprendidas. Se estivermos centrados e comprometidos com o crescimento espiritual, poderemos compartilhar sua magia infantil ao enfrentar nossas vidas.

Sua Mensagem

Sua resposta não é muito sobre o que está acontecendo com você agora, mas sobre como você enfrenta o que está acontecendo. Veja todos os desafios como oportunidades. Procure lições espirituais ao experimentar a tristeza. Lembre-se de expressar gratidão pelas suas alegrias. Quanto mais você aprender a fazer isso, menos traumático será cada giro da Roda da Fortuna.

11

A Justiça

Essa fada da Justiça vive em um arbusto de visco. Apesar de ela aparentar ser recatada e gentil, ela representa uma incrível e poderosa magia profundamente ligada ao núcleo do universo.

Seu poleiro de pedra evidencia suas raízes na terra. No entanto, ela se senta em uma almofada decorada com espirais, representando os ciclos da vida – todos vividos pelas pessoas. O poder que ela exerce é o resultado direto de nossas ações individuais. Os humanos chamam isso de *karma*, que é a justiça do universo. Este é o mais perfeito e poético de todos os sistemas de justiça.

Ela segura as balanças que pesam nossas ações e a espada que entrega nossa recompensa, seja ela qual for. Ela está de olhos vendados e não pode nos ajudar ou machucar, apenas determinar o que ganhamos.

De todas as cartas das fadas místicas, esta passa de maneira mais clara e sucinta a principal mensagem das fadas para nós, humanos: o que você faz hoje cria diretamente o que você experimentará amanhã. É uma mensagem que ouvimos diversas vezes, de muitas maneiras. Nossos sistemas religiosos e espirituais a expressam, nosso sistema legal tenta impô-la e até mesmo nossos ditados populares nos lembram disso (quem semeia vento, colhe tempestade).

Sua Mensagem

Essa fada deseja que você entenda seu poder e sua responsabilidade. Se você está se perguntando por que está enfrentando uma situação, observe suas ações passadas. Se puder ver como você chegou a este lugar, talvez possa encontrar uma maneira de equilibrar seu carma. Se estiver enfrentando uma decisão de como se comportar em uma situação, considere as ramificações futuras. Escolha suas ações com sabedoria e cuidadosamente faça escolhas que o deixem orgulhoso de si no futuro.

12

12 · O Enforcado

O Enforcado

Caminhando entre belas flores brancas, podemos ouvir um riso silencioso. Conforme seguimos os sons, vemos um jovem gentilmente se balançar nas videiras.

As bolhas são remanescentes do Louco. Há muitas semelhanças entre os dois, embora as diferenças sejam significativas. Ambos tratam de seguir um caminho que pode ou não ser tolerado pelos outros. Para nós, humanos, o medo de seguir as bolhas que encontramos no jardim do Louco é o de não saber para aonde elas irão nos levar.

Depois de encontrarmos coragem para seguir as bolhas, iremos enfrentar o desafio do jardim do Enforcado. Teremos que tomar uma atitude com base em nossa escolha e, provavelmente, correremos o risco de termos a reprovação de outras pessoas. Esse é o sacrifício de permanecer firme em nossas crenças.

Se esse ser feérico é sobre permanecer firme, por que ele está pendurado de cabeça para baixo preso apenas por um fio? Ele sugere que sigamos nossos corações, contudo, se precisarmos tomar uma decisão crucial, nosso mundo poderá virar de cabeça para baixo e correremos o risco de perder as coisas que valorizamos – por exemplo, a aprovação de amigos ou a segurança.

Observe a atitude do Enforcado. Ele está tranquilo e confiante de que suas crenças, representadas pelas videiras, não falharão. Ele ri baixinho, como se estivesse com um deleite secreto. Ele sabe que pode parecer bobo, mas, neste momento, não há outro lugar que ele prefira estar.

Sua Mensagem

No jardim do Enforcado, sua resposta é a do sacrifício e da fé. Você deverá sacrificar algo em detrimento daquilo que considera precioso. Você deve ter fé em suas convicções, sabendo que tudo ficará bem no final. Embora possa ser assustador no começo, quando você realmente fizer isso, irá experimentar a tranquilidade e a certeza de que você fez exatamente o que deveria.

A Morte

Com cabelos e asas de corvo, esta fada pálida do submundo repousa sobre um crânio humano, um adorno que nos convida e desafia a entrarmos em seu reino. Assim como o Ermitão, ela reside entre os cogumelos que marcam a existência dos anéis de fadas, honrando as memórias daqueles que por ali passaram. Embora ela pareça estar no auge de sua vida de fada, os chifres em seus ombros mostram sua antiga ancestralidade de dragão.

Sua beleza sedutora resulta de seu profundo conhecimento dos segredos da morte. Para nós, humanos, a morte é assustadora por não sabemos direito o que está além dela; por isso somos atraídos e repelidos pela fada. Seu reino é sobre todas as mortes e, embora ela tenha o conhecimento da experiência da morte física, ela não pode compartilhar isso conosco inteiramente – não é para nós sabermos.

Embora haja apenas uma morte física, experimentamos milhares de outros tipos de mortes durante nossa passagem pelo mundo. A vida, como nós sabemos, é um ciclo, e a morte faz parte dele. Algumas fases terminam, outras começam. Os relacionamentos nascem, florescem e, às vezes, morrem. O que acreditamos muda e desaparece à medida que crescemos espiritualmente. Sabemos que onde há morte, há nascimento; onde há trevas, também há luz.

Através de nossas experiências, descobrimos que a escuridão precede a luz. Ainda assim, as trevas continuam sendo muito difíceis de suportar. Portanto, essa não é apenas uma fada bonita que nos promete momentos eternamente felizes. Ela, de forma alguma, diminui a dor da morte, em vez disso, ela nos lembra que o crescimento, incluindo o espiritual, tem um grande custo. Enfrentar, avançar e experimentar o nascimento de uma nova vida requer coragem e força.

Sua Mensagem

A resposta que você encontra no jardim da fada da Morte é a de aceitação e esperança. É hora de aceitar a passagem de algo em sua vida. Dor, tristeza e sensação de perda fazem parte da experiência. Encontre força e esperança com o conhecimento de que algo chegará em sua vida para aliviar a dor e preencher o espaço vazio.

14

14 · A Temperança

A Temperança

Vagando em um bosque de bétulas, nos deparamos com uma silenciosa e bela visão. Embora seja um pouco contraditória, esta é a essência da Temperança. Ela é parente da fada que conduz o Carro, porém ela é mais madura e experiente. Observe que o ornamento em sua cabeça é pequeno e simples, pois seu poder não resulta somente da vontade de sua mente, mas de todo o seu ser. Como as bétulas que a cercam, ela se curva graciosamente com os ventos do destino, mas não quebra sob a pressão.

Ela se senta solidamente em uma pedra esculpida com um único espiral. Ela vê a vida e seu papel nela como uma dança longa, única e elegante. Ela derrama água sem parar de uma jarra para uma tigela. Seu elegante fluxo da vida é contínuo e constante. Não importa qual seja a circunstância, essa fada é sempre ela mesma e isso não requer rigidez, mas fluidez. Sem pensar, ela ajusta imperceptivelmente sua energia para manter o equilíbrio perfeito em qualquer situação.

Seu vibrante vestido amarelo e suas asas expressam a forte e brilhante força interior que surge de tanta confiança. Ela enfrenta tudo o que aparece com confiança, sabendo que pode lidar com qualquer coisa com graça e beleza. Ao contrário da carta O Carro, que controla forças opostas com o poder de sua vontade, a carta A Temperança as mistura em um perfeito equilíbrio dentro de seu próprio ser.

Sua Mensagem

Embora possa ser impossível para os seres humanos manterem esse estado constantemente, a resposta da Temperança para você é: observe suas reações. Faça com que tudo o que fizer, pensar ou sentir seja apropriado e benéfico para o que estiver enfrentando. Não piore o caos ou o drama exagerando. Sua tarefa agora é se concentrar e fazer o que for necessário para estabelecer um equilíbrio na situação.

15

15 · O Diabo

O Diabo

Expondo seus chifres, pés fendidos, cauda e asas vermelhas de fogo, o Diabo brinca em uma parte do jardim que é perigosa para os humanos. Ele se assemelha, até mais do que a fada da Morte, à sua ascendência de dragão, pois ele representa as mais puras pulsões e desejos. Seu brinco e barba com contas mostram que ele adornou e alterou as energias fundamentais. Ele as reconhece, celebra e controla. Como ser feérico, ele está conectado à Terra e, portanto, está em equilíbrio com ela – mas muito pouco. É de sua natureza que ele dance às margens, equilibrando-se e brincando com os limites.

Nós, humanos, estamos tão distantes de nossa ancestralidade fundamental que, muitas vezes, não sabemos como expressar essa parte de nós mesmos, seja na sociedade ou em nossas vidas. Consequentemente, com frequência, negamos esses desejos e, devido a essa repressão, nossos impulsos instintivos e sensuais aparecem de maneiras que não são necessariamente boas para nós e para os outros seres do universo.

Outra maneira pela qual essa desconexão de nossa natureza básica ocorre é quando um determinado desejo não apenas exige satisfação, mas começa a controlar uma pessoa. Isso leva a vícios, obsessões e a outros padrões prejudiciais.

Sua Mensagem

Se você estiver no jardim do Diabo, suas respostas não serão fáceis, mas serão libertadoras. Em algum nível, algo está controlando você e, portanto, você não está no controle de sua vida. Identifique o que é que mantém você em cativeiro. Só então você poderá se libertar. E, finalmente, esse Diabo travesso lhe dirá para não ter medo de tudo o que deseja. Aprecie o que puder de maneiras que sejam benéficas para você e para os outros e não ofereça apoio àquilo que é destrutivo em sua vida.

16

16 • A Torre

A Torre

Os seres feéricos são criaturas de vida longa. Eles amam a natureza e tudo que é belo. Eles são artesãos talentosos e qualificados. Se eles optarem por viver em uma habitação, eles criarão para si mesmos algo de linhas graciosas que segue o design da natureza para expressar sua crença na interconectividade de toda a vida. Por causa de suas longas vidas, eles enxergam além de nossa compreensão e podem facilmente aceitar e assistir à destruição de maravilhas – seja uma floresta ou uma obra de arte. A natureza se purifica por necessidade e mantém seu próprio equilíbrio. Assim, se uma árvore, um jardim ou uma fada for destruída pela natureza, os seres feéricos sabem que é para um bem maior.

Para nós, presenciar a destruição de uma criação tão amável é de partir o coração. Vemos todas as esculturas astuciosas e ficamos admirados com uma união tão perfeita da natureza e do artesanato. Os cogumelos, marcando os anéis de fadas, lembram-nos das alegres reuniões sociais desfrutadas naquele lugar. Era um local agradável que servia a seu propósito muito bem. E nós, por causa de nossas vidas curtas, temos dificuldade em entender por que uma habitação perfeitamente boa deve ser derrubada.

As pessoas usam cartas de tarô da mesma forma que usam sonhos, interpretando símbolos para encontrar um significado aplicável a suas vidas. Nos sonhos, as casas geralmente representam o eu. É por isso que essa imagem, A Torre, é difícil para nós. Em um nível mais profundo, significa a destruição do que nos define. Cada um de nós cria uma visão de mundo ou sistema de crenças que nos ajuda a lidar com o dia a dia. E então, às vezes, surge algo e... uma visão de mundo perfeitamente boa é destruída.

Sua Mensagem

Se você vir os escombros da Torre, saberá que algumas crenças que você abraça, que são uma parte profunda de como você se define, estão sendo questionadas. Você está vivendo algo que não se encaixa, algo que irá desabar e deixar de ser uma verdade para você. Seja o que for, sua destruição é necessária para criar uma imagem de si mesmo que irá atendê-lo melhor.

17

A Estrela

Vagando entre os restos de uma floresta outrora gloriosa, ouvimos o fluxo suave e o ligeiro movimento da água em uma lagoa, e quase podemos escutar o brilho da luz das estrelas tocando sua superfície. Enquanto seguimos os sons, nos deparamos com uma imagem tranquila de serenidade fria e paz repousante.

Uma fada tão pálida quanto a luz das estrelas descansa confortavelmente em algumas rochas de aparência desconfortável à beira da água; é como se ela própria estivesse fluindo, como água, sobre as rochas. Ela está vestida com um vestido azul bem suave, que contorna suas curvas como a água corre sobre a terra. Suas asas delicadas brilham sob as estrelas.

A Estrela não é como uma estrela real; ela não queima, não é ardente. Ela é a água em seus aspectos mais curativos. Ela refresca, renova e dá esperança. Mas, como uma estrela, ela nos guia. A intensidade de seu poder é infinita, como a eterna corrente de água que ela derrama na lagoa e na terra. Um pé está na água, mostrando sua conexão com o subconsciente, o outro está no chão, pois ela também se preocupa com o consciente. Para aqueles cansados de corpo e alma, ela promete paz.

Sua Mensagem

Se você estiver na lagoa da Estrela, sua resposta deverá ser muito bem acolhida. O que quer que esteja tentando seu espírito, sejam as dificuldades que você esteja enfrentando ou as tristezas que tenham rasgado seu coração, a Estrela traz um tempo de sereno silêncio; um lugar seguro e calmo, onde você pode encontrar esperança e se sentir renovado. Uma vez se sentindo mais forte, ela servirá como sua estrela-guia para ajudá-lo a encontrar o caminho. Mas, primeiro, descanse.

18

18 • A Lua

A Lua

Na escuridão e nas sombras, tudo parece diferente... invisível ou além da vida, silenciado ou com luz não contida. A iluminação da fada da Lua é encantadora e sedutora para aqueles que mantêm o juízo sobre si; ela pode ser traiçoeira e perigosa para quem tem menos cuidado. Cercada por margaridas, ela parece tão simples e clara quanto a luz do Sol. Mas, com essa fada, nem tudo é o que parece. Embora ela possa parecer problemática ou charmosa, ela não é nem um nem outro – seu efeito é inteiramente baseado em nossa percepção.

Seu companheiro lobo mostra como nossa natureza animal é atraída e estimulada por sua presença. De fato, assim como os lobos são compelidos a reagir à Lua no céu noturno, o mesmo acontece com uma parte da psique humana: agimos de forma mais intuitiva, sonhamos mais vividamente, sentimos mais profundamente.

Ela se senta em uma pedra esculpida com lagostins, um símbolo improvável para uma fada da Lua. Mas, lembre-se, as coisas não são o que parecem. Um lagostim há muito tempo representa uma criatura que se arrasta para fora da água – nosso subconsciente – e é algo que tememos.

À luz mágica da Lua, lobos selvagens e lagostins monstruosos podem parecer belos e singelas margaridas podem parecer ameaçadoras. Esse é o perigo – não ver o que realmente é. Essa fada não dá sonhos nem pesadelos. Ela ilumina o mundo e vemos o que escolhemos ver.

Sua Mensagem

Se você está perdido na noite da fada da Lua, sua resposta é tão sombria quanto o próprio luar. O que está claro é que seu subconsciente está agitado. O que está surgindo – seus medos, suas esperanças ou seus sonhos? Preste atenção à sua intuição e aos seus sonhos. Ouça com atenção as mensagens do universo. Tome cuidado e verifique se deseja buscar a verdade. Nessa situação, você corre o risco de ver o que deseja ver ou ouvir o que deseja ouvir.

19

19 · O Sol

O Sol

Se viajarmos para o jardim da fada do Sol, antes de tudo, seremos momentaneamente cegados pelos mais vívidos respingos de laranja. A fada e os girassóis próximos a ela são cobertos por um laranja tão vibrante que quase ri sozinho de alegria. Ao contrário da carta A Lua, esta carta é bastante simples e as coisas são exatamente o que parecem.

A fada do Sol e seu filho estão desfrutando de um momento glorioso de pura e bem-aventurada alegria. Não há razão, nem circunstância – apenas uma felicidade tão forte que colore tudo ao seu redor, circundando o momento em um brilho luminoso.

Esse tipo de alegria resulta de um sentimento de conexão e facilidade com o universo, o que provavelmente é bastante comum para o povo das fadas. Para nós, humanos, é uma experiência extraordinária.

Sua Mensagem

A resposta que você encontra aqui no jardim da fada do Sol é jubilosa. Você pode esperar um momento de felicidade, otimismo alegre e energia maravilhosa. Este é um presente de verdade. Aproveite!

O Julgamento

Quando andamos entre os lírios, vemos um brilho luminoso e ouvimos, muito silenciosamente a princípio, o som de uma trombeta, que aumenta gradativamente. Enquanto procuramos sua fonte, nossos olhos focalizam lentamente uma imagem tão clara, tão pálida, que mal acreditamos que ela exista. Esta fada delicada, com seu vestido branco suave e asas poderosas, tem um título pesado, pois ela é a fada do Julgamento.

Sua mensagem não é para todos. Há quem não a veja nem a ouça. Os lírios costumam ser associados à morte e, geralmente, para que se possa ouvi-la e vê-la, é necessária a morte de alguém, especialmente daqueles que não pertencem ao povo das fadas. Algo em nossas vidas está passando – ou irá passar – porque estamos sendo chamados para algo novo.

Para quem pode vê-la, ela brilha com verdade e beleza natural e ainda mais surpreendente é o som de sua trombeta. Embora um pouco diferente, sua mensagem é, em sua essência, a mesma para todos. Ela chama aqueles que a ouvem a um nível superior de existência para fazer algo atípico: servir o universo e os que nele estão de uma nova maneira.

As asas fortes do Julgamento não são por acaso. São símbolos, lembretes, de que, aqueles que atenderem ao chamado dela serão elevados a um nível espiritual muito mais alto.

Sua Mensagem

Quando você conhece a fada do Julgamento, é hora de olhar atentamente para sua vida e para as possibilidades diante de você. Há algo que você deveria estar fazendo, algo que seria uma mudança significativa em relação ao que você está fazendo. Seja o que for, é essencial para o benefício do universo e para seu crescimento espiritual. Para ouvir claramente sua orientação, abra seu coração e sua mente e esteja disposto a aceitar a mensagem.

O Mundo

Aninhados em um jardim de rosas, encontramos uma cena simbólica. As fadas são as guardiãs do jardim e proporcionam perfeito equilíbrio para o universo. Todos os seres feéricos que encontramos nesse jardim valorizam a Terra acima de tudo. Eles a estimam e a expõem com uma coroa para indicar que as necessidades do planeta reinam sobre suas decisões e ações.

Essas duas fadas em particular usam coroas de louros que se entrelaçam em torno da Terra. Elas consideram sua maior e mais valiosa conquista quando a Terra está em perfeito equilíbrio. Elas sabem que deram o máximo de si quando a Terra está bem cuidada.

Quando vemos as fadas do Mundo, nós, humanos, somos lembrados de que temos muitas maneiras de alcançar nosso potencial mais alto. Ao longo de nossas vidas, experimentamos várias conquistas que nos dão satisfação e orgulho. Às vezes, elas são pequenas, realizadas através de situações cotidianas, como ajudar alguém. Outras vezes são maiores, mais significativas, como concluir um programa educacional ou ajudar uma instituição de caridade. Independentemente do que for, devemos sempre nos lembrar de desfrutar da sensação de conquista que resulta de um trabalho bem-feito.

Sua Mensagem

Se você se encontra no jardim de rosas, deve ter concluído recentemente ou em breve concluirá uma tarefa importante. Você está pronto para ter sucesso e receber os parabéns dos outros. Esses momentos são, infelizmente, muito pouco frequentes e sempre resultam de algum esforço de sua parte; portanto, não passe por isso com pressa para procurar seu projeto. Se você não concluiu algo recentemente, o desejo por esse sentimento está direcionando você a encontrar um desafio. Escute seu coração, pois você está claramente pronto para enfrentar algo emocionante.

3

Os Arcanos Menores

As cartas dos Arcanos Menores ilustram as alegrias e a beleza, bem como as provações e as tribulações cotidianas. Ao longo da história da humanidade, as pessoas usaram contos, mitos e lendas para dar sentido à vida e aprender lições edificantes. O *Tarô Místico das Fadas* homenageia nossa rica trajetória contando uma narrativa em cada naipe – esses novos contos de fadas ajudarão você a entender mais facilmente o significado das cartas.

O naipe de Paus conta uma história de aventura e determinação sobre dois jovens que partem em busca do destino, expondo os possíveis triunfos e perigos quando se decide realizar qualquer projeto. Nas cartas, esse naipe é representado por varinhas.

O naipe de Copas tece uma tapeçaria trágica, porém inspiradora, do amor. Ao longo dos anos acompanhamos os altos e baixos de um casal improvável no mundo das fadas. Esse naipe aparece nas cartas como flores mágicas de celidônia.

O naipe de Espadas ilustra o comovente desespero e a desenvoltura de duas jovens que enfrentam um destino angustiante e os valentes esforços de sua rainha para salvar seu povo. Esse naipe é representado pelos espinhos nas rosas.

O naipe de Pentáculos nos mostra a experiência edificante de uma fada trabalhadora, cujo trabalho duro e planejamento dão uma guinada inesperada. Essa história nos ensina a tirar proveito de uma oportunidade para o benefício de todos. Esse naipe aparece nessas cartas como pentáculos.

Esses contos encantadores servem a dois propósitos. Em primeiro lugar, cada história nos traz uma moral com mensagens especiais que as fadas gostariam que todos os humanos soubessem. Elas acreditam que, se aplicarmos esses costumes às nossas vidas, aprofundaremos a conexão entre os homens e com a Terra. Em segundo lugar, ao usar essas cartas em uma leitura sobre sua vida, cada uma terá uma mensagem que se aplicará à pergunta.

PAUS

A GRANDE AVENTURA

Ás

Ás de Paus

Era uma vez, em uma tarde de verão, um clã de fadas que se reunia para ouvir histórias contadas pelos anciões sobre lugares longínquos e estranhas paisagens. Um dia, depois que todos foram dormir, alguns dos mais jovens do grupo decidiram que queriam partir em busca de novas histórias para contar. A ideia de sair e ter aventuras os encantou e eles dançaram com alegria para comemorar sua decisão.

Para trazer sorte a sua jornada, eles criaram uma varinha de um galho de carvalho para representar sua força e obstinação: eles o cobriram com um cristal vermelho que parecia conter uma energia ardente dentro de seu núcleo que, segundo eles, simbolizava foco, determinação e paixão e, por fim, enrolaram duas penas de grifo ao redor da pedra para trazer sabedoria e fortuna aos seus esforços. Depois de terminada, eles colocaram a varinha no meio do anel de fadas criado por sua dança. Cada vez que eles retornavam, sentavam-se neste mesmo local cercado por seu clã para contar grandes histórias de suas aventuras. E assim foi.

Anos depois, as fadas passaram a chamar esse local de Lugar dos Começos. Sempre que alguém tinha uma nova ideia, eles se sentavam ali para fazerem seus planos.

Sua Mensagem

Você precisa começar algo novo. Crie um espaço, físico ou mental, para avaliar um plano. Faça um inventário. Você tem a força, a determinação, o foco, a obstinação e a paixão necessárias? Você tem acesso à sabedoria e aos recursos necessários? Você tem uma imagem clara do seu objetivo?

2

Dois de Paus

Um dia, anos após o Lugar dos Começos ter sido criado, dois jovens decidiram que partiriam juntos em busca de seu destino. Sentados perto da varinha, eles foram inspirados a formar uma parceria, apertando as mãos e concordando em permanecer juntos nos bons e nos maus momentos. Entusiasmados, cheios de sonhos e desejos, eles conversaram sobre possibilidades e, embora não tivessem certeza do que queriam, sentiam que não encontrariam nada além de boa sorte e aventuras fabulosas.

Sua Mensagem

Uma parceria está disponível para você. É provável que as possibilidades decorrentes dela sejam empolgantes e inspiradoras. No entanto, também é provável que ainda haja muita coisa desconhecida sobre o parceiro ou a natureza da parceria. Os eventos representados pelas cartas do naipe de Paus incluem um elemento de brevidade: eles entram e saem da sua vida rapidamente. Você precisará decidir se está disposto a assumir esse compromisso ou se deixará passar a oportunidade.

3

Três de Paus

Os dois amigos perceberam que, embora não soubessem o que queriam alcançar, não poderiam partir sem um plano. Eles folhearam um livro de mapas criado por aqueles da comunidade que se aventuraram antes deles com as descrições do que se poderia encontrar em cada local. Tendo ouvido grandes histórias da majestosa fênix, eles decidiram explorar a terra dos sprites de fogo para ver essa grande criatura por si mesmos, sonhando que a fênix lhes concedesse uma pena cheia de poderosas propriedades mágicas – o que certamente atrairia fortuna. Com isso, eles finalmente tinham um plano e uma meta.

Sua Mensagem

Está quase na hora de seguir em frente, mas primeiro você deve considerar as possibilidades. Faça alguma pesquisa, escreva todas as opções e analise qual objetivo é mais atraente para você. Faça um mapa da sua jornada e uma lista das coisas que você precisará. Assegure-se de que terá tudo o que precisa ao longo do caminho e que sabe para aonde deseja ir e o que deseja fazer quando chegar.

4

Quatro de Paus

Os dois amigos aventureiros continuaram a jornada sem grandes dificuldades, pois as fadas que antes passaram por esse caminho haviam deixado marcas de anéis de fadas para guiar quem ali pisasse. Mesmo apreciando a viagem, eles estavam certos de que algo grande os aguardava e, ao se aproximarem das fronteiras das habitações dos sprites de fogo, avistaram uma adorável sprite carregando um ovo com manchas douradas que ela havia encontrado. Ela se afeiçoou pelos obstinados jovens e decidiu dar-lhes o ovo, esperando que isso lhes trouxesse sorte. Sem saber seu conteúdo, eles o aceitaram com gratidão, imaginando que ali existia algo valioso.

Sua Mensagem

Um presente inesperado entra na sua vida. Alguém deseja seu bem e quer ajudá-lo em seu caminho. Você pode não saber exatamente como incorporar o presente em sua vida, mas é algo valioso que deve ser manuseado com cuidado. Aceite-o graciosamente, com alegria e gratidão.

5

Cinco de Paus

Depois que a generosa sprite partiu, os dois amigos ficaram para trás para discutir o inesperado rumo dos acontecimentos. Eles sabiam que a sprite tinha boas intenções, mas ela não sabia que espécie havia ali. Eles debateram sobre o que fazer: um concluiu ser um ovo de dragão e que o melhor a se fazer seria abandoná-lo e seguir em frente; o outro afirmou ser um ovo de fênix e que o correto seria ficar e cuidar dele até chocar. Sentindo-se desconfortáveis com a discussão, eles combinaram de ficar com o ovo para descobrir que criatura surgiria dele. Caso fosse um dragão, eles o abandonariam.

Sua Mensagem

Você enfrenta um momento de conflito ou mesmo discussão, talvez com uma pessoa ou mais (ou consigo mesmo). Um acordo deve ser feito. Para chegar a um consenso, certifique-se de expressar suas razões e faça um esforço para ouvir atentamente o outro e para ser ouvido (examine cuidadosamente todos os lados do conflito). Se nenhum dos dois estiver convencido do ponto de vista do outro, trabalhe em conjunto para chegarem a um acordo.

6

Seis de Paus

Depois de um tempo, o ovo chocou e um pequeno dragão emergiu. Aquele que esperava uma fênix se enfureceu – por estar errado e por não haver uma fênix, mas principalmente porque ele estava um pouco assustado com o dragão. Já o outro estava feliz porque tinha razão e, em meio à euforia do momento, vangloriando-se, ele decidiu que ter um dragão seria algo bom e o suspendeu como se tivesse ganhado um troféu enquanto seu amigo frustrado apenas o observava com raiva, decepção e medo.

Sua Mensagem

Você alcançou algo, seja por meio do trabalho duro ou pela facilidade de uma oportunidade. Você se sente bem com a sua conquista e quer comemorar e ser reconhecido pelo que fez. Se você realmente alcançou algo pelo mérito do esforço, desfrute dessa vitória e celebre com aqueles que se preocupam com você. Contudo, se você obteve uma vitória questionável, tenha cuidado com uma falsa sensação de conquista e esteja ciente dos sentimentos daqueles que são mais importantes para você do que a própria vitória.

7

Sete de Paus

Os dois amigos, que haviam concordado em ficar juntos nos bons e maus momentos, estavam enfrentando tempos muito ruins, de fato. O dragão estava crescendo a um ritmo incrivelmente rápido e, embora eles originalmente cogitassem abandonar a criatura, um deles não poderia tomar tal atitude. Ele acreditava que eles poderiam criar e domesticar o animal, controlando-o para seus próprios propósitos.

O outro, por sua vez, não achava que um dragão poderia ser domado. Para ele, a criatura era apenas um transtorno e deveria ser solta para viver como os dragões vivem e não ser trazida para o convívio de sua família e amigos.

Criou-se uma discussão acalorada sem sinal de meio termo. A parceria estava ameaçada.

Sua Mensagem

Há uma diferença entre ter uma opinião e não ter nenhum senso de compromisso. Você quer algo que seu parceiro não deseja. Nenhum de vocês pode ver o ponto de vista do outro a menos que um de vocês recue. A única solução é encerrar a parceria e quebrar o acordo entre os dois. Às vezes isso acontece. Verifique se o que você quer vale o custo. Se sim, então defenda-se, não importa a dificuldade. Caso contrário, engula seu orgulho e ceda ou encontre um meio termo.

8

Oito de Paus

As coisas aconteceram muito rápido após a briga. O amigo que queria deixar o dragão ameaçou destruí-lo por pensar ser a única maneira de cortar o vínculo entre a criatura e seu amigo. O outro que não queria deixar o dragão também não concordava com a sua destruição. Sentindo que não havia escolha ou tempo para pensar em sua decisão, ele subiu nas costas do dragão e eles voaram juntos. Com esse ato, decidido de forma apressada e de cabeça quente, ele rompia a amizade e escolhia seu futuro.

Sua Mensagem

A mensagem desta carta é muito simples: os eventos estão se movendo rapidamente e você é compelido a agir quase sem pensar. Siga seus sentimentos e confie que é a escolha certa.

9

Nove de Paus

O jovem estava sozinho com seu dragão. O animal havia crescido tanto que ele não sabia como iria controlá-lo. Pela manhã, ele avistou sangue nos lábios da criatura sem conseguir imaginar onde ela esteve ou o que havia feito. Embora eles estivessem nos arredores de uma vila, era uma jornada suficientemente próxima para um dragão. As vidas das fadas e dos sprites estavam em risco. No início de sua jornada, ele jamais pensara que poderia haver um final trágico. Ele então percebeu que foram as escolhas que ele havia feito que o levaram até ali e aceitou sua responsabilidade para considerar o que fazer a seguir.

Sua Mensagem

Você fez escolhas que têm consequências, sejam elas positivas ou negativas. Os efeitos podem ser exatamente o que você pretendia ou não, no entanto, eles são o resultado de suas ações. Você tem que aceitá-los e decidir como viver com eles.

10

Dez de Paus

O jovem e seu dragão estavam morando longe de qualquer outro povoado. Mas ainda assim, um dragão poderia voar para longe muito facilmente. Ele manteve o dragão boa parte do tempo amarrado e cuidou dele da melhor maneira possível, pois acreditava que era seu destino criá-lo, mantendo-o longe das aldeias. Era um fardo muito pesado para se carregar e estava fazendo ele e o dragão infelizes.

Essa é uma história triste. Mas é preciso pensar: por que ele não deixou o dragão voar para se juntar aos outros dragões que viviam longe de fadas, duendes, sprites e elfos?

Sua Mensagem

Você está carregando um fardo muito pesado. As responsabilidades o dominam e sua vida parece muito infeliz. Em alguns momentos isso será verdade. Nesses casos, você deverá encontrar esperança e força onde puder, como recorrer a outras pessoas em busca de ajuda ou inspiração. No entanto, verifique se você não está carregando um fardo desnecessariamente. Quando você estiver se sentindo sobrecarregado, examine sua carga. Você realmente precisa ser responsável por tudo isso? Existe uma maneira melhor de lidar com a carga? Existe alguma maneira de facilitar seu caminho?

Moral

Você sempre tem que enfrentar as consequências de suas ações, mas não deixe que elas se tornem seu destino. Nunca é tarde para fazer melhores escolhas.

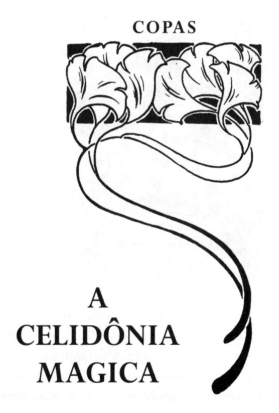

COPAS

A CELIDÔNIA MAGICA

Ás

Ás de Copas

Era uma vez, em uma parte estranha do mundo das fadas entre o solo e as águas, um lugar que não era terra nem água. Neste improvável espaço desabitado, crescia uma celidônia em uma vitória-régia. Como quase ninguém passava por este lugar, poucos sabiam da existência da planta. E os que lá pisaram não pararam para investigar. Os anos se passaram e os poucos transeuntes começaram a perceber um cálice minúsculo, mas bonito, que parecia crescer a partir daquela celidônia. Se alguém se dispusesse a permanecer tempo o suficiente naquele local, poderia perceber que a flor produzia pérolas estranhas semelhantes a bolhas. Ou bolhas semelhantes a pérolas. Ninguém sabia ao certo.

Mais tempo se passou, e contos desta celidônia se tornaram lendas. Dizia-se que era um lugar mágico, entre o solo e a água, onde as sementes do amor verdadeiro cresciam de uma estranha flor semelhante a um buquê. Foi dito ainda que se um casal de fadas passasse por aquela área ao mesmo tempo e compartilhasse uma semente de amor verdadeiro, receberia um grande presente: este amor verdadeiro os uniria para sempre. Mas a tal benção tinha um preço – os dois teriam que superar com sucesso todas as adversidades ou estariam destinados a uma vida de grande solidão, separados para sempre pelo fracasso em nutrir a dádiva do amor verdadeiro. Como mais celidônias continuavam crescendo na região, dizia-se que cada vez que uma pérola era compartilhada, uma nova flor crescia.

Até aqueles considerados os mais aventureiros do clã exploravam esta terra sozinhos. Apesar de a promessa do amor verdadeiro ser fascinante, a consequência de ser considerado indigno era algo que eles não estavam dispostos a arriscar.

Sua Mensagem

Você se depara com a oportunidade de buscar um novo relacionamento. Não deixe o medo do que pode acontecer atrapalhar. Lide com isso com a intenção de ter o melhor relacionamento possível e, caso ele seja bom para você, não o negligencie – continue a alimentá-lo e fortalecê-lo.

2

Dois de Copas

Um dia, uma jovem e bela ninfa da água ouviu falar da celidônia mágica com sua promessa de amor verdadeiro e foi em busca dela. Do outro lado, um jovem elfo da floresta igualmente belo e aventureiro partia com o mesmo objetivo. Simultaneamente, eles se encontraram e descobriram a celidônia mágica junto a uma pérola que parecia uma bolha. Embora fossem de raças diferentes, ela aceitou a pérola quando o elfo a ofereceu. Convencidos da verdade e da promessa da lenda, eles prometeram amor e compromisso um com o outro.

Sua Mensagem

Você está no início de uma parceria empolgante, romântica ou não. Tudo parece mágico e maravilhoso. Aproveite esse tempo ao máximo e guarde essas memórias. A felicidade desse período lhe dará força nos momentos mais difíceis. Você está achando fácil fazer promessas e votos no momento e essas memórias o ajudarão a cumprir as promessas mais tarde, quando você se perguntar por que as fez.

3

Três de Copas

Depois de brincar, explorar e rir o dia inteiro com seu novo amigo, a ninfa foi para casa. Ela reuniu amigas para ouvirem sua história, celebrarem sua grande sorte e admirarem sua pérola. Elas nadavam, dançavam e riam, como as meninas jovens costumam fazer quando pensam em romance. Nenhuma delas jamais conhecera um elfo; elas apenas ouviam histórias sobre eles. Suas amigas brincavam sobre a ninfa amar um elfo e caçoavam dos estranhos modos dos habitantes da floresta. A ninfa tentou ignorar os comentários, mas elas entraram no fundo de sua mente.

Sua Mensagem

Celebre as grandes coisas da sua vida com seus melhores amigos. Solte os cabelos, permita-se e dance pela simples alegria do momento. Seus amigos ajudam a aumentar sua alegria e apoiam você em tempos de tristeza. Eles são uma bênção em sua vida, mas não se esqueça de que, embora eles sejam uma parte importante, eles não são a sua vida. Não deixe que as opiniões deles afetem suas escolhas. Bons amigos sempre celebrarão sua alegria, não importa o quê.

4

Quatro de Copas

A ninfa e o elfo se encontravam frequentemente no jardim da celidônia. Eles conheceram mais um do outro e, a princípio, acharam suas diferenças empolgantes. Depois de um tempo, eles se cansaram de falar de si mesmos e começaram a se concentrar em suas diferenças, o que acabou se tornando um aborrecimento. Eles se perguntavam se havia semelhança o suficiente para manter a amizade unida. A pequena ninfa, confusa, continuava pensando em suas amigas e se perguntando se os comentários delas continham mais verdade do que ela queria admitir. Finalmente, a ninfa e o elfo pararam de visitar o jardim da celidônia.

Sua Mensagem

Não há dúvidas: você está entediado e irritado. Seja por causa do seu parceiro (romântico ou profissional), de um membro da família ou de um amigo, esse relacionamento já deu o que tinha que dar. Não está indo a lugar algum e não tem nada a oferecer – só você não vê. Antes de desencanar, pense no que você colocou nesse relacionamento e como se sentiria se ele acabasse. O que tiver de ser, será. Caso contrário, faça sua parte para revitalizá-lo. Vocês dois serão mais felizes a longo prazo.

102 | Tarô Místico das Fadas

Cinco de Copas

De vez em quando, a pequena ninfa sentia falta de seu elfo e se perguntava o que ele estaria fazendo. Cada vez que ela via ou fazia algo que desejava poder contar para ele, sentia uma dor aguda que só piorava. As crises de choro se tornaram cada vez mais frequentes e ela começou a se arrepender de ter permitido que as palavras de suas amigas entrassem em sua mente. Ela desejava ter trabalhado mais nesse relacionamento, pois não encontrava mais conforto em suas amigas, tornando-se cada vez mais solitária, longe de seus parentes, na beira do jardim da celidônia.

Sua Mensagem

Um relacionamento com alguém que você se importa terminou e a dor não está ficando mais fácil de suportar. Em vez disso, parece estar piorando. O luto por uma perda é normal e necessário, mas tenha cuidado: se você chora por muito tempo – e se isola de outras pessoas em sua vida – você está criando uma situação perigosa. Encontre alguém para ajudá-lo nesse momento difícil.

6

Seis de Copas

A solidão da pequena ninfa da água tornou-se maior, isolando-a de seus amigos e de qualquer alegria. Só havia uma coisa que trazia algum conforto para sua tristeza. Ela passava dias a fio admirando a pérola que seu elfo havia há muitos anos lhe dado no jardim da celidônia. Ao fazer isso, ela revivia todos os seus momentos felizes. Ela ficou surpresa com quantas lembranças bonitas eles criaram juntos e começou a imaginar todas as lembranças maravilhosas ainda não criadas e todas as coisas que ela gostaria de experimentar com ele se ela pudesse.

Sua Mensagem

Alguma coisa ou alguém está faltando em sua vida e você sente essa perda profunda. Você encontra um tipo de paz em viver no passado. Memórias são traiçoeiras e podem facilmente ser alteradas pelo tempo e pela distância. Elas podem ser fascinantes ou invasivas, e até opressoras. Reviver memórias pode ser reconfortante, mas não deixe que elas afetem a vida no presente.

7

Sete de Copas

Depois de uma de suas infrequentes saídas com as amigas, desgostosa, a ninfa solitária e infeliz foi para casa. Ela olhou para sua pérola e não viu nada. Ela estava em branco. A ninfa se lembrou da lenda e se perguntou se suas memórias seriam tomadas dela, deixando-a com apenas um grande vazio. Ela percebeu que estava em uma encruzilhada e havia uma escolha diante dela que decidiria seu destino para sempre. Ela poderia abraçar o nada ou admitir seu erro e encontrar seu querido elfo da floresta. Mesmo que ele não a quisesse, ela não poderia deixar de tentar.

Sua Mensagem

Você se depara com escolhas – duas ou mais. Talvez você esteja se sentindo inquieto e confuso e não consiga decidir no que acreditar. Chegou a hora, porém, de você examinar cuidadosamente as opções e escolher uma. Em algum lugar dentro de você, você sabe o que quer. Concentre-se em seu coração e tome uma decisão.

8

Oito de Copas

A ninfa da água, embora feliz por ter tomado uma decisão, não sabia ao certo como encontrar o elfo da floresta. Ela nunca havia estado na floresta e não sabia como faria para sobreviver lá. Ela não tinha ideia do quão vasta "a floresta" poderia ser, tampouco fazia ideia de como encontrá-lo. Enquanto ela vagava pelo jardim da celidônia, buscando inspiração ou mesmo uma pequena ideia, ela fez amizade com uma libélula que sabia onde ficavam várias aldeias élficas. Depois de ouvir a trágica história da ninfa, a libélula concordou em ajudá-la a encontrar seu amado elfo.

Sua Mensagem

Você sente que está vivendo uma vida morna e está revendo seus valores. Agora que você sabe o que deseja, basta fazer as modificações necessárias. Provavelmente não será fácil e você precisará ser corajoso e forte; e você será. Na verdade, não há muita escolha, porque se você não fizer isso, sempre se fará a pergunta "e se". Agora é a hora de buscar seu destino.

9

Nove de Copas

Depois de algumas extraordinárias e perigosas aventuras com a libélula, a ninfa da água finalmente encontrou seu elfo. Ele esteve tão triste e solitário quanto ela. Ambos estavam sonhando e desejando. Ao se abraçarem com alegria, sentiram que todos os seus desejos foram atendidos e todos os anos de dor varridos em um momento doce. Sua devoção e compromisso foram reavivados e fortalecidos com a sabedoria do tempo e da experiência. Ambos se sentiam sortudos por terem aprendido suas lições antes que fosse tarde demais.

Sua Mensagem

Esta carta é tradicionalmente conhecida como Carta do Desejo: seu desejo mais profundo se tornando realidade – um momento que todos gostaríamos de experimentar. Não é sempre que nossos desejos são simplesmente atendidos, no entanto, você mesmo pode descobrir o que precisa acontecer para torná-los realidade. Você provavelmente tem mais poder para realizar seu sonho do que imagina. Faça seus desejos se tornarem realidade.

10

Dez de Copas

Anos depois, eles ainda estavam juntos, vivendo uma vida nem na água nem na terra, nem "nínfica" nem élfica, mas de forma totalmente única para eles. Eles passavam os dias juntos, felizes e agradecidos, valorizando seu tesouro, sua pérola, símbolo de seu amor – o amor que os uniu em primeiro lugar e lhes deu uma segunda chance. Eles descobriram que não tinham problema em encontrar coisas para fazer juntos. E, quando não havia mais assunto, ficavam satisfeitos apenas por estarem na presença um do outro.

Sua Mensagem

Esta carta mostra perfeita paz, contentamento e felicidade. Você já chegou nesse nível? Seja grato e valorize o que tem todos os dias. Se é o que deseja, saiba que isso, geralmente, é a recompensa por anos de trabalho duro e atenção cuidadosa aos detalhes de um relacionamento. Quase nunca acontece. Verdade seja dita, é muito trabalho, mas vale totalmente a pena.

Moral

Às vezes, o amor leva tempo e é preciso esforço. Sempre busque compreensão e reconciliação.

ESPADAS

A ROSA AZUL

Ás

Ás de Espadas

Era uma vez, em um tempo distante, que mesmo os longevos seres feéricos não se lembrariam, uma única rosa azul. Ela ficava no meio do jardim das habitações dos antepassados. Era uma planta espetacular, que eles acreditavam ter um forte poder mágico. Quando a rosa ficava vibrante e saudável, eles também ficavam. Quando estava murcha e estressada, a vila deles esmorecia. Então, um rei das fadas bem-intencionado decidiu que não queria que o bem-estar de seu povo dependesse de algo tão variável quanto a saúde de uma delicada planta.

Ele ordenou que os artesãos mais habilidosos e os magos mais experientes produzissem uma espada para conter o poder da rosa azul. No auge da vibração da rosa, eles colheram um grande espinho da planta. A partir dele, eles criaram uma espada gloriosa embelezada com seus símbolos mais sagrados. Depois de finalizada, eles a colocaram perto da rosa e usaram sua melhor magia para transferir o poder da flor para a espada. Quando terminaram, tentaram pegá-la para entregá-la ao rei, mas descobriram que ninguém podia tocá-la.

Eles não tiveram escolha senão deixá-la onde estava. Eles se perguntaram o que havia dado errado. No fim das contas, perceberam a loucura de tentar alterar a ordem natural da vida e eliminar as provações de suas experiências. Em sua vergonha, eles ignoraram a espada, deixando o jardim crescer em torno dela para escondê-la de vista.

Sua Mensagem

Você está enfrentando algum desafio ou problema. Em vez de lamentar o fato de a vida ter altos e baixos, aprenda a encontrar maneiras saudáveis de enfrentar o desafio e resolva os problemas desenvolvendo maneiras realistas de lidar com eles.

2

Dois de Espadas

Conforme as gerações vieram e se foram, a espada foi esquecida. Como o tempo passou, mais rosas azuis cresceram até o jardim estar cheio delas. O que aconteceu foi que a rainha das fadas dominante nomeou suas duas damas de companhia favoritas para cuidar das rosas azuis no jardim. Um dia, as duas cuidadoras atenciosas notaram que um botão se destacava do resto. Com brilho e energia únicos, claramente era uma rosa mágica. Elas juraram proteger o pequeno botão de rosa, passando horas cuidando e enchendo-o de amor. Quando florescesse, elas iriam mostrar à rainha esse grande presente. Até então, esse seria o segredo delas.

Sua Mensagem

Você enfrenta uma escolha. Você está em uma situação, relacionamento ou está envolvido em um projeto que exige muito do seu tempo e energia. Sua vida pode ficar desequilibrada ao negligenciar outras responsabilidades. Qualquer situação que o compila a guardar segredos daqueles que você ama é perigosa e doentia. Seja honesto consigo mesmo sobre o que está fazendo e por quê. Fazer a escolha certa agora pode eliminar problemas maiores ou até tragédias mais tarde.

3

Três de Espadas

Certo dia, elas encontraram sua rosa morrendo. Seus corações foram partidos. Mais do que isso, elas sentiram como se seus corações tivessem sido arrancados de seus corpos. A dor e o choque eram tão fortes que o chão ao seu redor ficou cheio de lágrimas de cristal que haviam chorado. Elas não podiam acreditar que todo o seu amor não protegera a rosa. Seus grandes planos de apresentar a rosa mágica à rainha eram inúteis. Tudo o que sentiam era sua perda, e elas lamentaram incessantemente por dias.

Sua Mensagem

Quando algo que você amou ou investiu é perdido, dói. Se você perdeu alguma coisa, não tente agir como se isso não importasse. Reconheça sua dor e deixe-a se expressar. Você pode ter medo de que, se você deixar escapar esses sentimentos, eles o envolverão e tomarão sua vida. Pode parecer assim por um tempo, mas logo seu luto terminará e você poderá começar a se curar.

4

Quatro de Espadas

Desgastadas pela dor, elas não podiam mais chorar. Nem conseguiam enfrentar a trágica situação por não terem mais forças. Elas adormeceram sob o botão de rosa moribundo, confortando uma a outra esperando, quando acordassem, descobrir que não passara de um pesadelo, e que sua rosa ficaria bem. O sono delas era profundo, longo e imperturbável pelos sonhos. A rosa pingava enquanto elas dormiam, num último esforço de fluir lentamente para a terra. A terrível realidade da rosa moribunda pairava sobre elas, uma horrível situação que se manteve inalterada, apesar do luto.

Sua Mensagem

Se você está enfrentando uma situação difícil e acha que não tem forças para lidar com ela, então não lide. Faça uma pausa e descanse um pouco. Sua mente não pode funcionar bem se você estiver cansado. Mesmo que seu problema ainda esteja presente quando você acordar ou voltar, você estará muito mais bem equipado para lidar com ele com sabedoria. Às vezes, as pessoas encontram soluções para os problemas em seus sonhos.

5

Cinco de Espadas

Horas depois, as doces jardineiras acordaram. Além de o botão de rosa estar morrendo, as coisas estavam indo de mal a pior: todo o jardim estava morrendo ao seu redor. Felizmente, elas estavam revigoradas de sua longa noite sono e decidiram encontrar uma solução para o seu problema.

Elas discutiram e debateram, tentando determinar o que poderia ser a causa daquela catástrofe. De quem era culpa? Elas haviam feito algo errado? O que elas poderiam ter feito de diferente? O que elas podiam fazer para mudar a situação?

Sua Mensagem

Às vezes, a única maneira de descobrir o que fazer com alguma coisa é analisá-la completamente, considerando todos os ângulos e aspectos. Você pode fazer isso sozinho ou com outras pessoas. Já foi dito que a única maneira de obter a resposta certa é fazer a pergunta certa. Se você fizer perguntas suficientes em relação ao seu problema, encontrará a resposta certa.

6

Seis de Espadas

As duas fadas esgotaram todas as possibilidades. No final, elas perceberam que não tinham a sabedoria ou a experiência para lidar com essa situação – mas conheciam alguém que tinha. Elas, então, decidiram procurar orientação de sua rainha das fadas; talvez ela soubesse o que fazer para salvar o botão de rosa mágico e o jardim. Havia muito em jogo para elas resolverem sozinhas. Embora ainda se sentissem assustadas e alarmadas, a decisão de tomar alguma atitude – mesmo pedindo ajuda - permitia que elas se sentissem esperançosas. Finalmente, parecia que estavam indo na direção certa.

Sua Mensagem

Às vezes, os problemas são grandes ou complexos demais para enfrentarmos por conta própria. Não importa quantas perguntas você faça ou o quanto pense sobre isso, você não encontrará resposta e não poderá planejar nada. Nesses casos, você faria bem em procurar o conselho de alguém com conhecimento e experiência. Decidir fazer isso pode ser um pequeno passo, mas é um passo na direção certa.

7

Sete de Espadas

Ao ouvir a história de suas damas de companhia, a rainha rapidamente foi até o jardim e encontrou o botão de rosa moribundo. Percebendo o perigo da situação, ela temia o pior. Sem parar para pensar, ela agiu rapidamente, talvez rápido demais, e derramou sua magia das fadas sobre o botão de rosa e o jardim. Para sua alegria, a cor e o perfume das rosas retornaram. De repente, tudo ao seu redor começou a crescer com muita intensidade de modo que ela fosse incapaz de impedir. As rosas pareciam quase animadas, torcendo e girando à medida que cresciam.

Sua Mensagem

Até as pessoas sábias cometem erros. Há muito perigo em agir com pressa. Tenha cuidado com o fascínio de fazer algo, qualquer coisa, para mudar uma situação. Suas ações podem realmente acabar com o problema, mas criar um problema completamente diferente talvez seja pior. Não importa o quão terrível seja a situação, reserve um tempo para pensar antes de agir.

8

Oito de Espadas

Antes de a bela e amada rainha poder voar para longe, os espinhos vermelhos se envolveram ao redor dela, prendendo-a no jardim. Suas asas e braços estavam amarrados atrás dela, totalmente inúteis. Imobilizada, ela era incapaz de fazer magia. Enquanto isso, o botão azul mágico começava a se abrir. Mesmo que sua situação parecesse desesperadora, ela tinha a esperança de que, de alguma forma, a magia da rosa pudesse salvar o jardim, seu povo e a si própria, apesar de seu ato impulsivo.

Sua Mensagem

Você pode se encontrar em uma situação em que se sente amarrado, indefeso e sem esperança. Você se sente preso, sem saída. Entrar em pânico não vai ajudar. Em vez disso, respire fundo, acalme-se e olhe ao seu redor. Procure por algo em que possa se concentrar, que o ajudará a passar pela experiência ou a sair da situação. Você pode se surpreender ao descobrir que essa ajuda está mais próxima do que você pensava.

9

Nove de Espadas

Enquanto as videiras espinhosas a envolviam, apertando-a mais e mais, ela continuava a focar na bela rosa mágica, sabendo que, de alguma forma, ela seria sua salvação. Cada vez mais fraca, a rainha lutava contra o desespero com esperança. Em meio ao caos, um pássaro desceu, pegou o botão de rosa e voou para longe. A rainha, desamparada, lamentava seu destino cruel, pois acreditava que sem a rosa mágica, o jardim continuaria a crescer desenfreado, acabando com sua vida e, talvez, com a vida de seu povo.

Sua Mensagem

Você acredita que, se determinado evento acontecer, estará condenado. Sua vida como você a conhece terminará e toda a felicidade terá desaparecido. Essa crença provavelmente lhe dará força e ajudará você a lutar por algo que deseja muito. No entanto, lembre-se de que só porque você acha que algo trará certa desgraça, não significa que trará. Lute pelo que deseja, mas não esqueça que o pior cenário pode não ser tão terrível quanto você pensa.

10

Dez de Espadas

Assim como a rainha imaginava, durante a noite, a videira apertou mais seu corpo e os espinhos continuaram crescendo, perfurando sua pele delicada. Seu corpo mole e aparentemente morto foi mantido em pé pelas próprias videiras que a teriam matado. Seu sangue fluía vermelho escuro, em forte contraste com as trepadeiras verde-escuras e as flores azuis prateadas. No local onde sua primeira gota de sangue caiu, um novo botão de rosa azul começou a crescer. Embora a rainha não pudesse vê-lo, ele possuía uma magia poderosa. Por trás dessa cena trágica, o céu ficou rosado com promessa de Sol e esperança.

Sua Mensagem

O que você temeu e tentou evitar aconteceu. Algo terminou e sua vida mudou – mudou, mas não acabou. O pior já passou e você pode se sentir exausto; você pode até se sentir morto por um tempo. Mas, sem dúvida, algo novo virá para preencher o espaço vazio, e um novo amanhã trará a promessa do nascer do Sol e uma esperança renovada.

Moral

Tentar eliminar toda a dor da sua vida só criará problemas maiores. Abrace os ciclos naturais da vida, tanto os alegres quanto os trágicos.

PENTÁCULOS

O DESTINO DA FADA

Ás

Ás de Pentáculos

Era uma vez, em um dia da primavera, uma fada jovem que se encantou pelas maravilhas da floresta. Ela se afastou dos amigos e da família e passou o dia andando, seguindo qualquer caminho que a levasse. Assim que a noite caiu, ela encontrou um local confortável e adormeceu. Quando acordou na manhã seguinte, percebeu que estava perdida. Ela passou dias tentando encontrar o caminho de volta para casa sem sucesso. Mas ela não estava muito preocupada, pois a beleza tranquila da floresta lhe convinha e havia muita comida ao seu redor.

Depois que decidiu não tentar encontrar o caminho de volta para casa, ela passou muitos dias felizes se divertindo. Ela percebeu que havia recompensa suficiente ao seu redor e que ela poderia ter uma casa muito agradável. Quando morava na vila, ela aprendera a cultivar hortas para alimentação e a tecer cestas para armazenar a comida para o inverno. Não havia nada que ela não pudesse fazer sozinha.

Sua Mensagem

Você está em uma posição privilegiada ao ter habilidade e recursos suficientes para criar a vida que deseja. Você está em um bom lugar e tem tudo o que precisa. Olhe ao seu redor e reconheça toda a beleza e os presentes de sua vida. Honre esses dons expressando sua gratidão e usando suas habilidades para aproveitar ao máximo sua oportunidade.

Dois de Pentáculos

Em sua aldeia, os jovens trabalhavam em comunidade plantando em jardins que já duravam anos. Mas começar do zero era outra história. Ela teve que limpar o chão e colher sementes por conta própria. Às vezes, era um trabalho árduo e ela se perguntava como iria conseguir. Mas ela não tinha escolha, então fez o que devia ser feito e tirou um tempo para tecer cestas para ajudar a carregar as sementes e para criar ferramentas simples para cavar na terra. Sendo uma jovem prática e brilhante, ela fez planos administráveis e se lembrou de tirar um tempo dos seus dias para apreciar a beleza da natureza.

Sua Mensagem

Você provavelmente sente que tem muito o que fazer e pouco tempo para fazê-lo. Você está fazendo malabarismos para cumprir as atividades e a lista de tarefas parece interminável. Ajude-se a sair do caos, priorizando seus projetos e trabalhos. Certifique-se de que você está sendo o mais eficiente possível. Não se esqueça de equilibrar trabalho e prazer; nenhuma vida está em equilíbrio sem os dois.

3

Três de Pentáculos

Seu planejamento de tarefas valeu a pena. A fada trabalhou feliz em seu jardim, plantando e cuidando dele. Logo os vegetais cresceram para sua alimentação. Ela também abriu um espaço em seu jardim para flores caprichosas, como papoulas e margaridas, para deixá-lo mais belo e para atrair borboletas. As sementes brotaram em mudas que cresceram e se tornaram plantas fortes. Logo, elas dariam flores como promessa de comida. À medida que as frutas e os legumes cresciam, ela se lembrava de tudo que aprendera sobre jardinagem e cuidava para que tudo ficasse seguro e livre de pragas e doenças.

Sua Mensagem

Você tem muitas habilidades e agora é a hora de usá-las adequadamente. Trabalhe com cuidado fazendo o melhor que puder. Crie coisas úteis e que tragam alegria à sua vida. Experimente o prazer de fazer algo bem feito.

4

Enquanto as frutas e os legumes estavam amadurecendo, a fada tecia lindas cestas para que ela pudesse armazenar sua colheita. O outono estava próximo e seu jardim estava cheio de uvas, maçãs, tomates e outras delícias. Depois de recolher a recompensa de seu jardim e guardá-la em suas cestas, ela admirou a cena exuberante. As cores e os aromas a deliciaram. Ela antecipou os sabores e as texturas que a sustentariam durante o inverno. Seu longo verão de trabalho cuidadoso valeu a pena. Ela estava extremamente orgulhosa do resultado e não conseguia se lembrar de ter sido tão feliz em sua vida.

Sua Mensagem

É hora de reunir os frutos de seu trabalho e planejar o futuro. Você trabalhou duro e por muito tempo e agora é hora de colher os benefícios. Também é hora de garantir que você tenha armazenado o suficiente para sustentá-lo durante os próximos tempos, que podem ser magros. Admire e aproveite o que você acumulou e seja grato por sua recompensa.

5

Cinco de Pentáculos

A fada não podia acreditar no que tinha acontecido. Os ratos vieram e roubaram tudo, todo o resultado de seu trabalho. Eles levaram frutas, legumes e destruíram o jardim. A vida que ela trabalhou tanto para criar havia sido destruída. Sentada entre as ruínas, ela estava arrasada demais para fazer qualquer coisa, exceto lamentar sua perda. Ela ficou lá enquanto o tempo ficava mais frio, sem perceber sua própria fome, ficando cada vez mais fraca. Cada vez que tentava pensar em seu futuro, no que faria durante o inverno, ficava arrasada e sem esperança.

Ela se perguntava, quase inutilmente, se ela iria morrer.

Sua Mensagem

Você se encontra em um estado de falta, tanto material quanto emocional. Você se sente desesperado e preocupado. Talvez você esteja cansado demais para tentar descobrir o que fazer. Seu desafio, apesar da situação, é encontrar recursos ao seu redor que você não esteja percebendo. Não deixe esse estado consumir você. Não se acostume com essa situação. Levante-se e procure uma maneira de melhorar sua circunstância.

6

Seis de Pentáculos

A jovem, em um estado deplorável, foi descoberta por uma família de camundongos que passava por ali. Eles viram a triste situação em que ela estava e se compadeceram dela. Eles não iriam deixar aquela pobre fada perecer e, então, trouxeram-lhe frutas e sementes, compartilhando de seu próprio estoque. Sua generosidade e bondade a dominaram. Ela aceitou a caridade deles com graça e com o coração muito agradecido. Quando recuperou suas forças, ela contou sua história e eles a convidaram para passar o inverno com eles. A família fez tudo o que podia para fazê-la se sentir bem-vinda e deixou claro que ela não seria um fardo para eles.

Sua Mensagem

Se você estiver em uma posição de necessidade, encontre alguém para ajudá-lo. Essa generosidade pode sobrecarregar você e, ao mesmo tempo, ser difícil de aceitar. Pode ser difícil aceitar ajuda quando se pensa nela como "caridade" – como se isso fosse algo ruim. Todos podem precisar de ajuda de vez em quando. Se ela estiver lá quando você precisar, aceite-a com gratidão. Se você estiver em posição de ajudar alguém e optar por oferecê-la, lembre-se de que é difícil aceitar ajuda e tente fazer sua parte de uma maneira que permita que o outro mantenha sua dignidade.

7

Sete de Pentáculos

Ela foi com os camundongos para a casa deles. O inverno estava se aproximando rapidamente e ainda havia muito o que fazer para se prepararem para ele. A jovem proativa, desejando ser útil, ajudou a reunir as últimas sementes e nozes. Ela observava as pilhas de comida e via que elas eram exatamente isso – pilhas. Sabendo que agora eles tinham uma boca extra para alimentar e que o armazenamento adequado ajudaria os alimentos a ficarem mais frescos e saborosos, ela começou a tecer cestas projetadas para armazenar cada tipo de alimento. A família de camundongos ficou impressionada com suas habilidades e agradeceu sua contribuição.

Sua Mensagem

Está se aproximando uma situação que requer cuidadosa consideração e planejamento. Ao pensar sobre a situação futura, certifique-se de determinar quais serão as suas necessidades e descubra a melhor maneira de atendê-las. Um pouco de planejamento à frente pode tornar o futuro muito mais fácil e agradável. A falta de planejamento pode gerar estresse desnecessário. Por que brigar no último minuto lidando com crises se elas podem ser evitadas?

8

Oito de Pentáculos

Os camundongos ficaram fascinados com as cestas que a fada tecia. Ela percebeu o interesse deles e se ofereceu para ensiná-los. Ela mostrou como fazia e deu dicas para que eles criassem cestas limpas e resistentes. Eles fizeram perguntas sobre o design e a construção, coisas que ela nunca havia pensado. Esses questionamentos a levaram a ter novas ideias para criar cestas melhores e mais bonitas. Os camundongos também tinham suas próprias ideias e adaptaram algumas das técnicas de tecelagem aos ninhos e camas, tornando-os mais resistentes e confortáveis.

Sua Mensagem

Agora é a hora de aprender algo novo... seja criando algo ou melhorando o que já tem. Ou talvez seja a hora de você ensinar algo novo a outra pessoa. O que você deve ter em mente sobre o ensino é que os professores também podem aprender coisas.

9

Nove de Pentáculos

Durante o inverno, os dias eram curtos e as noites eram longas. A fada e os camundongos passaram suas longas noites de inverno aquecidos e confortáveis. Seu sono merecido era profundo e tranquilo. Eles estavam confiantes de que se manteriam abrigados do frio e armazenaram bastante comida para quando acordassem. Todos estavam felizes por terem feito boas escolhas em tempos difíceis. Então, eles se aconchegaram juntos e dormiram profundamente, desfrutando sonhos de dias quentes de primavera.

Sua Mensagem

Você trabalhou duro para criar uma vida segura para si mesmo. Você enfrentou escolhas que não eram fáceis. Você venceu problemas e infortúnios. Às vezes, você sacrifica prazeres imediatos em prol de seus objetivos a longo prazo. Se você não tem uma vida que deseja, saiba que você pode tê-la e esteja disposto a fazer o que for necessário para isso.

10

Dez de Pentáculos

Os longos e frios meses de inverno não eram tristes ou chatos para os camundongos e a fada. Todas as refeições eram alegres, com comida saborosa, agradável companhia, bom humor e uma atmosfera festiva. Os companheiros compartilhavam histórias, faziam planos e discutiam técnicas de tecelagem e jardinagem. Eles desfrutaram de constante entretenimento e ajudaram a manter o ânimo um do outro. Todos concordavam que era o inverno mais agradável que já tinham passado. E, verdade seja dita, se eles não tivessem experimentado isso, diriam que essa felicidade doméstica não passava de um conto de fadas.

Sua Mensagem

Você realmente não poderia pedir mais: uma casa confortável, bastante comida, muito carinho e muita companhia. Você não está entediado ou sozinho. Sua vida está cheia de coisas e pessoas boas. Aprecie-as e trabalhe duro para mantê-las. Se sua vida não está cheia de coisas boas. Observe atentamente suas ações e escolhas. Como elas afetaram sua situação atual? O que você pode fazer para mudar isso?

Moral

Ter bastante é uma coisa boa. Ter entes queridos para compartilhar é ainda melhor.

4

As Cartas da Corte

Até agora, você já sabe que as cartas dos Arcanos Maiores representam marcos ou eventos importantes da vida e que os Arcanos Menores mostram eventos cotidianos – são eles os responsáveis pela abertura dos caminhos. A única coisa que falta, na verdade, são as pessoas para abri-los. É aí que entram as cartas da corte. Elas podem representar outras pessoas em sua vida ou aspectos pessoais. Ao fazer uma leitura, é sempre uma boa ideia começar tentando interpretar uma carta da corte como um aspecto de si mesmo. Caso isso não funcione no contexto da leitura, ela provavelmente representa outra pessoa. Lembre-se de que as cartas da corte, apesar de serem ilustradas com figuras masculinas ou femininas, representam pessoas de ambos os sexos.

Embora as cartas da corte carreguem as particularidades de cada naipe, todas elas compartilham algumas características básicas, como:

- Valetes: estudantes, principiantes, ansiosos, indisciplinados; podem representar uma mensagem.
- Cavaleiros: focados, extremos, comprometidos, treinados, porém inexperientes; podem representar uma situação veloz.

- RAINHAS: maduras, atenciosas, provedoras.
- REIS: maduros, gostam de se organizar e gerenciar grupos.

Assim como os Arcanos Menores, cada carta da corte irá se referir àquilo que o seu naipe representa:

- PAUS: projetos e carreiras
- COPAS: emoções
- ESPADAS: desafios, modos de pensar
- PENTÁCULOS: recursos materiais, criar coisas

Como as cartas da corte correspondem a pessoas (ou você mesmo), elas não trazem uma mensagem específica para a leitura, como fazem os Arcanos Maiores ou Menores. As cartas da corte – ou as pessoas que elas representam – servem para trazer mais energia à leitura e são mais descritivas do que prescritivas. Por esse motivo, não há palavras-chave para as cartas da corte no "Guia de Referência Rápida" ao final deste livro.

PAUS

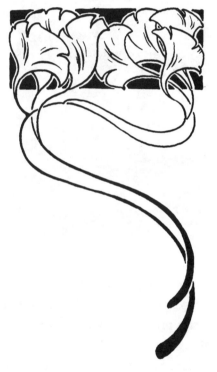

Valete

Valete de Paus

O Valete de Paus representa alguém que se prepara para tentar algo novo. Ele tem estudado e observado e, apesar de acreditar estar pronto, é importante para ele acertar na primeira tentativa, pois ele planeja minuciosamente seus passos. Ele prefere ação a estagnação, mas, por não gostar de parecer tolo, ele adiará a ação até ter certeza de que pode fazer algo com perfeição. Por causa disso, ele pode ser resistente a correr riscos.

Ele também pode representar uma mensagem sobre sua carreira, um projeto em que você está trabalhando ou um curso em que está interessado.

Cavaleiro

O Cavaleiro de Paus representa uma guerreira forte e focada. Disciplinada, ela está cheia de energia, pronta para receber uma tarefa. Sua paixão pela ação será contida apenas por um tempo. Se ela não receber uma tarefa, sairá e encontrará uma missão. Ela pode ficar inquieta se sedentária por muito tempo.

Rainha

Rainha de Paus

A Rainha de Paus é alguém que gosta de estar envolvido em grandes projetos. Ela vai ajudar alguém a fazer quase tudo, contanto que não seja algo complicado ou extremamente detalhado. Ela gosta dos holofotes, por isso, garanta que seu talento e energia recebam os elogios que merecem. Embora ela goste de ajudar, ela prefere fazê-lo sem conversas, então não espere que ela seja uma boa ouvinte.

Rei

Rei de Paus

O Rei de Paus é um líder enérgico e ambicioso que prospera no reconhecimento social. Ele tende a focar em um projeto por vez, excluindo os outros. Essa dedicação a um único projeto pode tornar sua vida um pouco desequilibrada às vezes já que ele tende a esquecer ou negligenciar as outras coisas, como sua família ou suas necessidades básicas.

COPAS

Valete

Valete de Copas

O Valete de Copas é alguém na maior parte do tempo feliz e talvez um pouco ingênuo diante da complexidade das emoções. Ela tem pouca experiência com tragédia e tende a ver as coisas sob uma única perspectiva, portanto, pode ser julgadora. Apesar de sua falta de experiência ou profundidade, ela tem um bom coração e está pronta para compartilhar isso com quase todo mundo.

Ela também pode representar uma mensagem sobre um romance, um projeto artístico ou criativo ou uma situação carregada de emoções.

Cavaleiro

Cavaleiro de Copas

O Cavaleiro de Copas é alguém sonhador e romântico. Ela é fascinada pela ideia de estar apaixonada. Ela de fato não vê o mundo sob uma única perspectiva, pois ela experimenta suas emoções intensamente. É interessante ter ela por perto, pois ela tem um talento para o drama, porém, pelo mesmo motivo, ela pode ser cansativa. Suas emoções geralmente se baseiam mais em seus caprichos do que na realidade.

Rainha

Rainha de Copas

A Rainha de Copas, apesar de ela não amar facilmente, quando ama, é com intensidade. Ela é criativa, pensadora e uma excelente ouvinte – especialmente se durante a conversa servirem um delicioso mocha com biscoitos de acompanhamento, já que ela ama os prazeres da vida. Ela gosta de ajudar as pessoas que estão passando por uma crise emocional, mas, às vezes, ela pode ser um pouco controladora ou manipuladora.

Rei

O Rei de Copas é um líder compassivo e carinhoso. Ele provavelmente se preocupa mais com a felicidade das pessoas do que com sua eficiência como rei. Ele, sem dúvida, seria mais feliz sendo um curador de museu do que chefe de uma instituição financeira. Seu amor por todas as coisas bonitas e seus desejos artísticos frustrados, às vezes, podem distraí-lo da tarefa em questão.

ESPADAS

Valete

Valete de Espadas

O Valete de Espadas é alguém incrivelmente confiante e inteligente. Ela geralmente entende a teoria por trás de qualquer coisa que ela queira fazer. Para ela, isso é tudo que você precisa. Se você tem um entendimento intelectual, por que razão não poderia ser capaz de fazer algo? Ela tende a entrar de cabeça no que se propõe, mesmo sem estar preparada. Felizmente, o fracasso parece nunca a derrubar.

Ela também pode representar uma mensagem sobre um atual problema ou situação.

Cavaleiro

O Cavaleiro de Espadas é alguém que passou longas horas treinando seu corpo e disciplinando sua mente. Ela dominará com precisão qualquer coisa que decidir fazer. Sua dedicação a sua meta terá precedência sobre todo o resto, o que significa que as necessidades e as emoções de outras pessoas podem ser vítimas de sua busca.

Rainha

Rainha de Espadas

A Rainha de Espadas conheceu a tristeza e sobreviveu a ela. Isso a fez forte, inteligente, um pouco distante e talvez um pouco fria. Como todas as Rainhas, ela é criativa e tende a se destacar em formas complexas e intrincadas de expressão artística – como tocar harpa. Ela tem um talento natural com as palavras, por isso é uma ótima companhia, embora ela não tolere tolices. Sendo uma ótima fonte de sabedoria e conselhos, ela sem dúvida terá a solução mais fácil e segura para um problema, mas pode transmitir seu conhecimento com uma língua afiada.

As Cartas da Corte | 177

Rei

O Rei de Espadas define-se como racional. E ele é. Ele pode entrar em uma zona de desastre e ter uma nova cidade construída antes de alguém sequer organizar uma equipe de limpeza. Ele é eficiente e eficaz e pode ganhar um torneio de xadrez, dirigir uma batalha ou assumir um projeto. Fazer algo e fazê-lo bem é mais gratificante para ele do que qualquer reconhecimento público ou privado. À medida que suas necessidades intelectuais crescem, suas carências parecem diminuir. Ou será que não?

PENTÁCULOS

Valete

Valete de Pentáculos

O Valete de Pentáculos é alguém capaz de aproveitar as coisas boas da vida sem muita cautela. Ela encontra alegria em prazeres simples. Sem complicar, ela aceita as circunstâncias como são e gosta de experimentar e criar coisas para depois compartilhá-las. Embora sempre conclua seus projetos, ela não necessariamente os domina antes de passar para outra atividade. Por ser quieta, alguns podem pensar que ela seja superficial ou pouco inteligente.

Ela também pode indicar uma mensagem sobre um projeto, dinheiro, recursos ou saúde.

Cavaleiro

Cavaleiro de Pentáculos

O Cavaleiro de Pentáculos tem um profundo amor e respeito pelo que é belo. Não necessariamente ágil para a ação, ele gasta tempo ponderando o valor de coisas e ideias. Uma vez decidido o mérito, ele se dedica à sua proteção. Pode ser confiado a ele manter as coisas (bens materiais, pessoas, segredos) em segurança. Desinteressado em sair e buscar novas atividades, alguns podem pensar que ele é monótono, mas sua devoção não tem igual.

Rainha

Rainha de Pentáculos

A Rainha de Pentáculos é uma artista e artesã por excelência. Ela é o equilíbrio perfeito entre habilidade técnica e inovação criativa. O que quer que ela tente, você pode ter certeza de que ela será boa nisso. E ela tentará muitas coisas. Quando encontrar o que estimula suas mãos e encanta sua imaginação, ela será brilhante. Ela não é avessa ao reconhecimento público de seus talentos e suas realizações podem cegá-la diante das necessidades dos outros.

Rei

Rei de Pentáculos

O Rei de Pentáculos faz as melhores festas e é o anfitrião perfeito. Ele sempre vai muito longe para fornecer o melhor para seus convidados. Embora ele não seja a alegria da festa, ele garantirá que todos se divirtam. Ele trabalhou duro para apreciar os prazeres da vida, e nada o deixa mais feliz do que compartilhar essas coisas com aqueles que ama. Ele tende a negligenciar sua própria saúde mental ou emocional.

5

Visitando o Jardim das Fadas

O *Tarô Místico das Fadas* é mais do que uma coleção de belas imagens que contam histórias encantadoras. É uma ferramenta para ajudá-lo a encontrar o seu próprio caminho no jardim da vida. Use esta ferramenta ao fazer uma leitura. Cada uma é composta das seguintes etapas:

1. Crie um espaço sagrado.
2. Faça uma pergunta.
3. Selecione uma abertura.
4. Embaralhe as cartas.
5. Distribua as cartas.
6. Interprete a leitura.
7. Agradeça às fadas pela ajuda.
8. Limpe e guarde suas cartas.

Seguiremos cada uma dessas etapas para que você saiba exatamente o que fazer para obter as respostas.

Criando um Espaço Sagrado

Ao realizar uma leitura, você está buscando orientação espiritual do reino das fadas. Para ajudar a criar uma boa comunicação entre você e os seres feéricos, você pode criar uma espécie de portal através do qual você poderá convidar as fadas para compartilharem sua sabedoria. Além disso, você estará mais concentrado e pronto para receber a mensagem se tiver seu espaço preparado.

A maneira como você cria o espaço e se prepara pode ser tão simples quanto limpar uma superfície plana para colocar as cartas e respirar fundo algumas vezes para se concentrar. Muitas pessoas usam rituais mais elaborados. Considere as seguintes ideias e veja se alguma parece certa para você.

- Separe um pano específico para colocar suas cartas. Um pano comum é o ideal, pois um com estampa poderá desviar seu foco das imagens da carta. O pano serve para definir o espaço e ajuda a manter o foco na leitura.
- Acenda uma vela rosa ou branca para atrair energia positiva para seu espaço ou uma azul para inspirar clareza.
- Queime um incenso, como o de capim-limão, que ajuda na habilidade psíquica, ou de lavanda/alecrim, que atraem uma energia acolhedora para o espaço.
- Coloque um cristal ou uma joia no ambiente. Se você estiver procurando respostas relacionadas ao amor, use um quartzo rosa. Se você estiver explorando uma questão difícil ou assustadora, o olho de tigre tem qualidade protetora e a ametista promove coragem.
- Aterre-se e se concentre: coloque os pés no chão, relaxe, feche os olhos e respire profundamente três vezes.
- Faça uma oração ou simplesmente convide as fadas para o seu espaço.

Fazendo uma pergunta

Se você estiver procurando as respostas certas, é melhor fazer as perguntas certas. Lembre-se, prever o futuro é como prever o clima: nada é predeterminado. Embora possamos ver como um determinado conjunto de eventos levará a um resultado provável, o curso dos eventos pode mudar repentinamente. E, é claro, assim como em uma previsão do tempo, quanto mais você olhar para o futuro, menos clara será a imagem.

Para usar essas cartas com mais eficiência, é melhor fazer perguntas que o ajudem a entender a situação atual ou os eventos passados que criaram a situação atual e que o ajudem a decidir seu melhor curso de ação para o futuro. Embora existam coisas em sua vida que você não pode controlar, há muito mais que você pode administrar. Concentre-se nesses aspectos e adote uma abordagem proativa da vida – afinal, é a sua vida. Aqui estão alguns exemplos:

- *Menos Eficaz*: Encontrarei o amor verdadeiro em breve?
- *Mais Eficaz*: O que posso fazer para trazer mais amor à minha vida?
- *Menos Eficaz*: Minha situação financeira melhorará?
- *Mais Eficaz*: Como posso melhorar minha situação financeira?

Naturalmente, existem aspectos e eventos que você não pode controlar, mas você pode decidir qual a melhor forma de reagir a eles. As cartas também podem ser úteis nesses casos. Novamente, como você aborda uma questão é muito importante. Por exemplo:

- *Menos Eficaz*: minha empresa reduziu de tamanho e perdi meu emprego. O que eu vou fazer?
- *Mais Eficaz*: minha empresa reduziu de tamanho e perdi meu emprego. Que novas oportunidades estão diante de mim?
- *Menos Eficaz*: meu pai faleceu recentemente. Quando a dor acabará?
- *Mais Eficaz*: meu pai faleceu recentemente. O que eu preciso fazer para curar a dor?

Depois de decidir sua pergunta, anote-a para ajudá-lo a manter o foco ao interpretar a leitura.

Selecionando uma abertura

Uma abertura é um diagrama que mostra como posicionar as cartas e o que cada posição significa. O significado da posição afeta como você interpreta a carta. Se isso soar um pouco confuso, não se preocupe, há exemplos de como fazer isso mais adiante.

Você encontrará uma coleção de aberturas aqui. Além delas, existem muitos livros de aberturas e sites disponíveis na internet. Geralmente, há uma ou duas frases que dizem que tipo de pergunta a abertura foi projetada para responder. Examine as aberturas disponíveis, leia as descrições e veja os significados da posição. Ao fazer isso, na maioria das vezes, você poderá dizer se uma abertura é adequada para sua pergunta.

Você não precisa usar uma abertura predefinida. Se quiser, você mesmo pode criar uma para responder a uma pergunta específica.

Embaralhando as cartas

Você pode embaralhar suas cartas da maneira que desejar. Algumas pessoas gostam de fazer o embaralhamento como parte de seu ritual inicial, como, por exemplo, embaralhar as cartas o mesmo número de vezes para cada leitura ou, após embaralhar, dividir o baralho em três pilhas e juntá-las novamente em uma ordem diferente.

Seja como for, lembre-se sempre de, ao embaralhar, concentrar-se em sua pergunta e convocar a sabedoria das fadas para direcioná-lo.

Distribuindo as cartas

A abertura que você selecionar informará em que ordem e em quais posições colocar as cartas. Você deve tomar duas decisões:

Primeiro, como você pega as cartas para distribui-las? Após embaralhar, você pode simplesmente distribuir as cartas do topo ou espalhá-las (com a face para baixo) e selecioná-las aleatoriamente, uma por uma.

Segundo, você coloca as cartas com a face para cima ou para baixo? É recomendável que você coloque as cartas com a face para cima para poder ver a abertura como um todo antes de começar a leitura. Mais para frente, quando formos discutir a interpretação da leitura, você verá como isso pode ser útil. No entanto, você pode, se desejar, colocar as cartas com a face para baixo e virá-las uma por vez enquanto as interpreta. Isso aumenta a sensação de mistério e permite que você se concentre em cada carta conforme ela é revelada.

Interpretando a leitura

Supondo que você colocou suas cartas com a face para cima, a primeira coisa a fazer é avaliar a leitura como um todo, usando as seguintes dicas:

1. Se houver predominância das cartas dos Arcanos Maiores (mais de um terço na abertura), essa leitura terá um significado especial, talvez algo espiritualmente profundo que indique uma grande mudança na vida ou que mais eventos que o normal estejam além do seu controle.
2. Se houver muitas cartas da corte (mais de um quarto na abertura), outras pessoas ou vários aspectos de sua personalidade estarão envolvidos.
3. Se houver um grande número de um mesmo naipe em relação aos outros, considere o seguinte:
    a. Paus: trabalho ou projetos; atenção às energias repentinas nesta situação (especialmente se houver um cavaleiro na abertura).
    b. Copas: amor, relacionamentos ou emoções dominam a situação.
    c. Espadas: problemas, desafios; a maneira como você pensa sobre as coisas tem muita influência na situação.
    d. Pentáculos: dinheiro, saúde, recursos ou finalização de algo são o foco nesta situação.
4. As cartas numeradas podem desempenhar um papel independentemente de seu naipe:
    a. Se houver vários ases, dois ou três, a situação estará no início.
    b. Se houver vários quatros, cincos ou seis, a situação estará no meio.

c. Se houver vários setes, oitos ou noves, a situação está próxima de sua solução.
d. Se houver vários dez, a situação está quase finalizada e um novo está se desenvolvendo (especialmente se houver também um ás na abertura).
5. Às vezes, durante o embaralhamento, algumas cartas podem ficar ao contrário e quando você as coloca na mesa, elas aparecem de cabeça para baixo em relação às outras. Os tarólogos chamam isso de carta "invertida". No *Tarot Místico das Fadas*, as cartas invertidas são aquelas em que as fadas querem que você preste atenção especial.

Após finalizar seus estudos, analise cada carta, uma a uma. Primeiro, olhe para a imagem e veja o significado que você encontra nela. Tente ouvir uma mensagem especial além daquela escrita. Em seguida, procure o significado da carta (se necessário) e pense nela em relação à sua posição na abertura. Por fim, considere a mensagem da carta em relação à pergunta. Usando esse processo, você poderá interpretar cada carta como parte da resposta à sua pergunta. Depois de fazer isso para cada uma, junte tudo para encontrar sua resposta.

Muitas pessoas acham útil anotar suas leituras à medida que avançam, especialmente se houver mais de três cartas envolvidas. Como você pode ver, você pode obter muitas informações de apenas uma carta. Quanto mais cartas tiver na abertura, mais detalhes você deverá acompanhar.

Agradecendo às fadas pela ajuda

Após a leitura, agradecer aos seres feéricos pela orientação é uma boa ideia, especialmente se você planeja consultá-los novamente no futuro.

Limpando e guardando suas cartas

Depois de fazer uma leitura, talvez você queira limpar suas cartas para guardá-las ou para deixá-las prontas para uma próxima leitura. É possível repetir este processo quantas vezes quiser:

1. Coloque todas as cartas na vertical e em ordem;
2. Passe-as pela fumaça de um bastão de sálvia;
3. Guarde-as junto a um quartzo rosa ou transparente.

Essa próxima ideia nem sempre é prática, mas é ótima para convocar a energia das fadas para suas leituras: coloque seu baralho no parapeito da janela (pelo lado de dentro) para receber a luz da Lua cheia por uma noite.

6

Aberturas

A Gota de Orvalho

Algumas das fadas menores usam gotas de orvalho como espelho e essa abertura de uma carta só funciona exatamente como um. Simplesmente pergunte: "O que preciso saber sobre _____?" ou "O que preciso saber hoje?" Pegue uma única carta e obtenha uma resposta rápida.

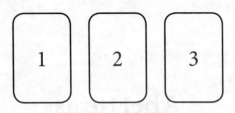

Vitória-régia

Vitórias-régias têm qualidades mágicas que trazem clareza e perspicácia. Essa simples abertura de três cartas o ajudará a ver uma situação com mais lucidez, além de fornecer informações sobre um futuro provável.

1. Passado: eventos ou ações no passado que serviram de base para a atual situação.
2. Presente: o que está acontecendo agora.
3. Futuro: o provável futuro com base em eventos passados e na situação atual.

Dica: se você não estiver satisfeito com a carta final, faça outra leitura. Por exemplo, se você quiser alterar o futuro, tente a abertura Da Bolota ao Carvalho ou, se quiser entender por que você não gostou do seu provável futuro, tente Um Passeio Noturno pela Floresta.

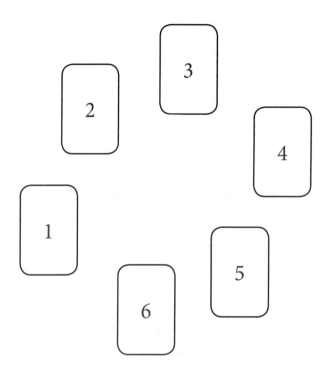

Anel de Fadas

Para fazer essa leitura, divida seu baralho em seis pilhas – uma com os Arcanos Maiores, outra com as cartas da corte e as outras quatro com os naipes de Espadas, Copas, Paus e Pentáculos. Embaralhe cada pilha separadamente e as coloque na ordem a seguir:

1. Arcanos Maiores
2. Paus
3. Copas
4. Espadas
5. Pentáculos
6. Cartas da Corte

As fadas costumam se reunir em círculo para dançar e comemorar. Depois de partirem, cogumelos crescem onde elas dançaram. Nesta abertura, você descobrirá aspectos de si mesmo que deve celebrar e outros que você talvez queira melhorar.

Estas cartas representam os melhores e mais fortes aspectos da sua personalidade. Avalie-os e use-os para tornar sua vida tudo o que você sempre sonhou.

Vire as cartas do topo de cada pilha e interprete-as da seguinte maneira:

1. Sua maior força espiritual
2. Sua maior característica empreendedora
3. Sua maior força emocional
4. Sua resposta mais forte aos problemas
5. Sua habilidade para finanças/recursos mais admirável
6. Seu aspecto favorito de sua personalidade

Depois disso, pegue as cartas do fundo de cada pilha e as coloque no topo, deitadas em relação às cartas da leitura anterior, e interprete-as da seguinte maneira:

1. Seu desafio espiritual mais importante no momento
2. Sua atitude mais problemática em relação ao trabalho
3. Seu desafio emocional mais difícil no momento
4. Seu pior medo ao enfrentar problemas
5. Sua fraqueza financeira
6. Seu aspecto menos favorito de sua personalidade

Essas cartas expõem aspectos de si que o deixam descontente. Depois de compreendê-los, você estará no caminho certo para melhorá-los em sua vida.

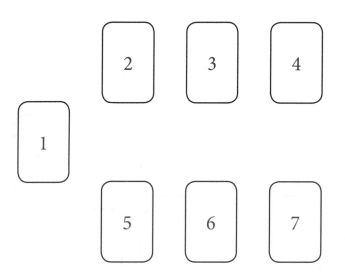

Dois caminhos ao jardim

Assim como chegar a uma bifurcação em uma floresta ou jardim, a vida é preenchida com vários caminhos. Quando você se deparar com uma escolha entre duas direções, use essa abertura para ajudá-lo a decidir qual seguir. Se você tiver mais de duas opções, basta modificar essa abertura adicionando mais caminhos.

1. O que você precisa saber sobre onde está agora
2 e 5. Os benefícios de cada caminho
3 e 6. As desvantagens de cada caminho
4 e 7. Os resultados prováveis de cada caminho

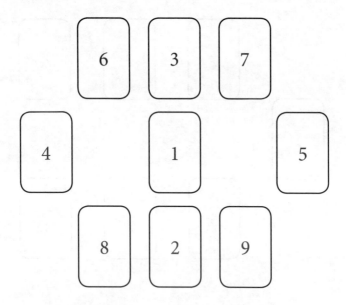

Abertura da margarida – Bem-me-quer, malmequer

Certamente, você já ouviu falar em arrancar pétalas de margarida para determinar se ele «ama você» ou «não ama você». Embora essa tradição tenha inspirado essa abertura, ela trata essa questão de uma maneira um pouco diferente e se concentra mais em como você se sente sobre o relacionamento, ajudando-o a enxergá-lo com mais clareza e fornecendo meios de melhorá-lo.

1. O que você precisa saber sobre como vê esse relacionamento
2. O aspecto ou fundamento mais forte desse relacionamento
3. O que você espera desse relacionamento
4. O que aconteceu no passado que está afetando esse relacionamento
5. O que você pode esperar desse relacionamento

6. Sua coisa favorita sobre esse relacionamento
7. O que você pode fazer para tornar sua coisa favorita ainda melhor
8. O que menos lhe agrada nessa relação
9. O que você pode fazer para melhorar sua coisa menos favorita

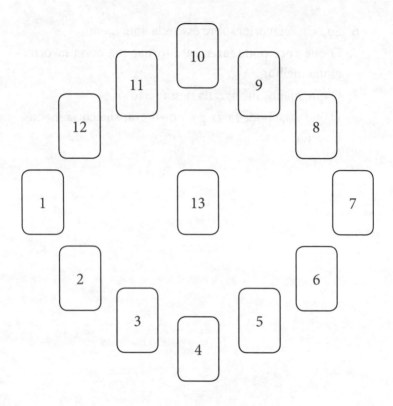

Abertura do girassol – Seu aniversário

Todos os anos, o Sol retorna ao mesmo lugar, que é quando você nasceu. Por esse motivo, o girassol é um símbolo adequado para um aniversário. Essa é uma boa leitura para fazer todos os anos em seu dia especial, para ter uma ideia do que o seu ano reserva em várias áreas. Esta abertura é baseada nos gráficos usados para fazer leituras astrológicas.

13. O que você precisa saber agora.
1. Sua autoimagem e personalidade.
2. Seus sistemas de valores e recursos materiais

3. Seus irmãos e comunicação
4. Seus pais, sua casa e família
5. Criatividade, assuntos do coração, diversão e crianças
6. Trabalho, responsabilidades e saúde
7. Parcerias (românticas e empresariais)
8. Sexo, morte e dinheiro de outras pessoas
9. Viagens, ensino superior, conexões espirituais
10. Sua imagem pública, vocação e ambição
11. Amigos, esperanças, objetivos e desejos
12. Seu eu interior, sonhos, segredos, passado

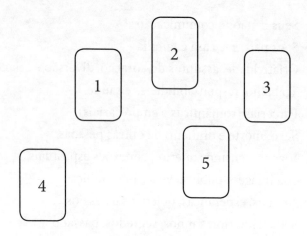

Pétalas de rosa

As rosas estão sempre ligadas ao amor e ao romance. Essa abertura foi projetada para ajudá-lo a atrair amor para sua vida.

1. Algo legal que você precisa fazer por si mesmo
2. Algo que você precisa aprender
3. Um problema que você precisa resolver
4. Um passo que você pode dar para encontrar o amor
5. Um objetivo para o qual você precisa trabalhar

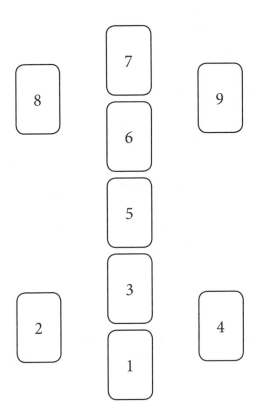

Da bolota ao carvalho

Carvalhos poderosos crescem a partir de pequenas bolotas. Você pode fazer seus sonhos – sejam eles sobre amor, dinheiro, família, um lar, férias – se tornarem realidade. Use essa abertura para fazer isso acontecer. Ela funciona de maneira um pouco diferente da maioria porque você usa as cartas com a face para cima para escolher a primeira e a sétima carta. Primeiro, examine suas cartas e selecione uma que melhor represente seu objetivo – esta é o seu carvalho e será colocada na sétima posição. Então, olhe suas cartas novamente e escolha uma que melhor represente onde você está agora em relação ao seu objetivo. Esta é a sua bolota e será colocada na primeira posição. As cartas restantes são embaralhadas e dispostas como de costume; elas lhe dirão o que você precisa fazer para alcançar seu objetivo e o que você pode esperar ao longo do caminho.

1. Bolota: onde você está agora
2. Solo: quais recursos você precisa para começar
3. Raio de Sol: o que você precisa saber para ajudá-lo a crescer
4. Água: o que você precisa fazer para nutri-lo
5. Nó: qual atraso inesperado você pode se preparar e talvez contornar
6. Tronco: o que o ajudará a ser forte
7. Carvalho: seu objetivo
8. Ramos: benefícios do seu carvalho
9. Folhas: presentes inesperados do seu carvalho

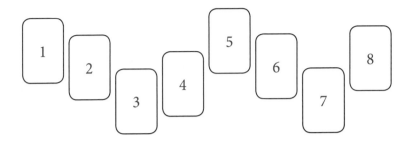

Um passeio noturno pela floresta

Caminhar por uma floresta à noite pode ser uma experiência bonita e mística. Mas se for uma floresta grande e desconhecida, pode ser um pouco assustadora, porque você não sabe onde estão as coisas e o luar pode criar ilusões que o afastam. Quando você está enfrentando algo que assusta ou incomoda você, pode ser como caminhar por uma floresta assim. Sua mente pode pregar peças em você, transformando as coisas em algo que elas não são. Essa abertura pode ajudar a identificar o que é assustador para você, que parte desse medo é real e que parte é uma ilusão do luar. Conhecimento é poder e essa abertura o capacitará a enfrentar seus medos.

1. O que você mais precisa saber sobre o que teme
2. Que aspecto do seu medo é real
3. Como você pode combatê-lo
4. Que aspecto do seu medo é uma ilusão
5. Como você pode banir a ilusão
6. O que você mais teme
7. Como você pode superá-lo
8. O que você aprenderá ao superar esse medo

7

Exemplos de Leituras

Darcy no trabalho

Darcy tem que fazer uma apresentação no trabalho. Ela foi promovida recentemente e esta é sua primeira apresentação. Ela está nervosa e animada e se volta para o jardim das fadas para obter algumas orientações, usando a abertura A Gota de Orvalho.

Pergunta: O que preciso saber para causar uma boa impressão durante a minha apresentação?

Carta: A Roda da Fortuna

Interpretação: A atitude de Darcy é a resposta para essa questão. Ela não deve se concentrar na apresentação como um grande e assustador evento a ser superado. Em vez disso, deve vê-la como uma oportunidade para se adquirir confiança, praticar suas habilidades de apresentação e ilustrar seu conhecimento. Enquanto ela estiver preparada e souber o que está fazendo, a situação não importará – seja ela uma apresentação formal, uma reunião com executivos, ou uma ligação para um cliente, pois Darcy sabe o que está fazendo e se comportará com serenidade.

Megan e o encontro, parte 1

Megan, uma mulher de vinte e poucos anos, acabou de terminar um relacionamento de longo prazo. Na verdade, foi o namorado dela quem terminou. Sentindo-se à deriva e inquieta, ela deseja estar em um novo relacionamento. Determinada, ela decide ser proativa e encontrar o amor verdadeiro. Ela convida Joe, pessoa que ela conheceu por intermédio de um colega de trabalho, para sair. Com o encontro se aproximando, Megan quer saber o que esperar – Será que é ele? Ela seleciona a abertura Vitória-régia para descobrir.

PERGUNTA: O que posso esperar do meu encontro com Joe?

- Passado: 2 de Espadas
- Presente: Cavaleiro de Copas invertido
- Futuro: Cavaleiro de Paus

Megan percebe imediatamente os dois cavaleiros e entende que as coisas irão acontecer rapidamente. Isso a faz muito feliz... de início.

Ao interpretar a abertura mais de perto, ela vê:

- Passado (2 de Espadas): ela fez uma escolha consciente para começar a namorar, com o objetivo de encontrar seu verdadeiro amor.
- Presente (Cavaleiro de Copas invertido): como esta carta é invertida, Megan presta muita atenção a ela. Seu significado de estar apaixonado pelo amor e ter noções românticas baseadas em romance, e não na realidade, a incomoda. Ela é realmente assim?
- Futuro (Cavaleiro de Paus): esta carta diz que ela perseguirá o relacionamento com muita determinação – ao

ponto de ela perder de vista outras coisas que deveria prestar atenção.

Essa leitura faz Megan pensar sobre o que ela realmente busca e questionar suas motivações. Seu último relacionamento terminou porque ele sentiu que ela queria comprometimento cedo demais. E aqui estava ela de novo, imaginando a mesma coisa com alguém com quem nem sequer havia tido um encontro. Não querendo cometer os mesmos erros e não gostando daquele possível futuro mostrado ali, ela decide fazer a leitura da abertura Da Bolota ao Carvalho.

Megan e o encontro, parte 2

Não há dúvidas: Megan quer um amor. Quem não? E não há nada de errado nisso. Mas o que ela precisa fazer para realmente vivenciá-lo em vez de apenas forçá-lo a existir? Usando a abertura Da Bolota ao Carvalho, ela escolhe o Cavaleiro de Copas como sua bolota, representando seu eu atual como romântica incurável, e seleciona Os Amantes para ilustrar seu objetivo – estar pronta para o amor e fazer boas escolhas.

1. Bolota: Cavaleiro de Copas
2. Solo: 2 de Pentáculos
3. Raio de Sol: 2 de Paus
4. Água: 2 de Copas
5. Nó: O Diabo
6. Tronco: 7 de Pentáculos
7. Carvalho: Os Amantes
8. Ramos: O Hierofante
9. Folhas: O Ermitão invertido

Examinando sua leitura, ela está realmente espantada ao ver que todas as cartas que têm a ver com o crescimento da semente são dois... coisas no começo de algo e, geralmente, relacionados a escolhas ou comprometimento. Ela fica um pouco receosa com o Nó ser O Diabo, mas como a linha superior é composta por todas as cartas dos Arcanos Maiores, deve ser promissor.

1. Bolota, onde ela está agora (Cavaleiro de Copas): Ela já sabe disso. Ela tem expectativas irreais e está apaixonada pela ideia do amor.
2. Solo, o que ela precisa fazer para começar (2 de Pentáculos): Ela precisa ter prioridades. Deve primeiro se preparar para um relacionamento antes de persegui-lo.
3. Raio de sol, o que ela precisa saber para ajudá-lo a crescer (2 de Paus): Ela precisa se comprometer a seguir seu plano, não importa o que possa distrai-la.
4. Água, o que ela precisa fazer para nutrir a semente (2 de Copas): Se ela namorar Joe ou qualquer outra pessoa, ela precisará aproveitar os estágios iniciais de um relacionamento pelo que são – deve se concentrar em se divertir, conhecer a pessoa e deixar o amor se desdobrar.
5. Nó, um atraso inesperado (O Diabo): Ela precisa se lembrar de que está tentando pôr fim a um padrão de comportamento e não será fácil só porque ela decidiu mudá-lo. Seu velho hábito de se definir pelo próprio relacionamento pode atrapalhar.
6. Tronco, o que a ajudará a ser forte (7 de Pentáculos): Ela pode se organizar para vencer o Nó – seus velhos hábitos – mantendo seu senso de si e se condicionando a ter uma vida plena além da vida de namoro. Ela pode fazer vários planos com amigos e familiares para que

não fique tentada a passar o tempo todo com quem ela estiver namorando.
7. Carvalho, o objetivo (Os Amantes): Através de um processo de boas escolhas, ela se descobrirá e será mais feliz consigo mesma. Com isso, ela terá mais a oferecer a um parceiro e provavelmente terá um relacionamento mais satisfatório.
8. Ramos, os benefícios (O Hierofante): Ela deve se concentrar em se desenvolver e aprender. Ter aulas ou voluntariar-se fortalecerá quem ela é.
9. Folhas, presentes inesperados (O Ermitão invertido): Esta é a maior surpresa para Megan. Quem pensaria que o objetivo de estar com outra pessoa teria o benefício de ficar sozinho? Como a carta é invertida, ela sabe a importância de sua mensagem. Através do processo de se tornar ela mesma, de aprender sobre quem ela é, ela aprenderá a se sentir completa por si só; portanto, ironicamente, a necessidade de estar em um relacionamento será o que menos a motivará.

Dia de mudança para kelli

Kelli sempre viveu em Nova York. Por um capricho, ela fez uma entrevista de emprego em Seattle. Para sua surpresa, ela foi contratada e, embora não fosse o emprego dos sonhos, era muito bom. O salário era mais alto que qualquer um que ela pudesse se candidatar à vaga em Nova York. Era, definitivamente, um avanço em relação ao seu emprego atual e a empresa oferecia grandes benefícios. Neste ponto de sua vida, não havia razão para ela não aceitar, exceto uma: se mudar, deixar amigos e família. Convenhamos, é uma proposta assustadora. Emocionante, sim, mas também um pouco esmagadora. Kelli dá "Um Passeio Noturno pela Floresta" com suas cartas de fadas místicas para ver o que acontece.

A abertura

Pergunta: Por que eu tenho tanto medo de me mudar para Seattle?

1. O que ela mais precisa saber sobre seu medo? 7 de Paus.
2. Que aspecto do medo dela é real? 8 de Pentáculos.
3. Como ela pode combatê-lo? O Mundo.
4. Que aspecto do medo dela é uma ilusão? A Roda da Fortuna invertida.
5. Como ela pode banir a ilusão? A Temperança.
6. O que ela mais teme? 3 de Espadas invertido.
7. Como ela pode superar isso? Rainha de Copas.
8. O que ela aprenderá superando esse medo? Os Amantes.

A interpretação

1. O que ela mais precisa saber sobre seu medo? (7 de Paus): O 7 de Paus é sobre um desacordo em uma parceria. Mas o medo dela, essa mudança, nada tem a ver com os outros. É sobre ela e seu medo. Ele está a mantendo com uma espécie de acordo para ficar em Nova York e não permite concessões. Ou ela vive com ele em Nova York ou o confronta e se torna livre para ir aonde ela quiser. Ela também pode ficar, caso seja sua vontade. Essa é a principal diferença, escolher ficar por razões que não sejam o medo.
2. Que aspecto do medo dela é real? (8 de Pentáculos): Isso é quase embaraçoso. A parte de seu medo real é que ela

precisaria aprender coisas novas, como conhecer uma cidade nova, saber onde comprar e como encontrar novos amigos. Para uma jovem brilhante e independente, quem pensaria que isso seria assustador?
3. Como ela pode combatê-lo? (O Mundo): Este também é quase embaraçoso em sua obviedade. Kelli decide ler esta carta literalmente. Ou seja, ela deve combater o medo de conhecer uma nova cidade pela realidade da emoção de explorar o mundo.
4. Que aspecto do medo dela é uma ilusão? (A Roda da fortuna invertida): se está invertida, então Kelli sabe que deve prestar mais atenção nesta carta. Ela é sobre as coisas estarem constantemente mudando e permanecer fiel a si mesmo. Ela mora no mesmo lugar há tanto tempo e tão pouco mudou. Ela se definiu nos termos de Nova York. Será que ela perderá a noção de quem ela é se Nova York não for o centro de sua vida?
5. Como ela pode banir a ilusão? (A Temperança): Ambas as cartas são sobre estar centrado, ter certeza de quem é. Ambas dizem para ser ela mesma, não importa o que esteja acontecendo ao redor.
6. O que ela mais teme? (3 de Espadas invertido): Outra carta invertida e, provavelmente, a que mais a aproxima de sua casa. Trata-se do medo de que ela fique tão comovida e com saudades de casa que nem consiga atuar em seu novo emprego, seu novo ambiente, sua nova vida – tendo de retornar a Nova York como um fracasso.
7. Como ela pode superar isso? (Rainha de Copas): Interessante. Esta carta já descreve a Kelli. É verdade, ela é um pouco sensualista. É por isso que ela ama Nova York – há muito o que ver, fazer e experimentar.

As outras duas cartas a aconselharam a ser ela mesma e o que ela mais teme é fracassar. Portanto, esta carta diz que ela pode superar seu medo de falhar sendo ela mesma. Kelli acha que captou a ideia: se ela quer ir, ela pode ir. Se ela não gostar, ela pode vir de volta. O sucesso é descobrir o que a faz feliz, mesmo que ela precise tentar algumas coisas para saber. Sucesso não significa fazer tudo perfeito de primeira.

8. O que ela aprenderá superando esse medo? (Os Amantes): Ela encontrará sua alma gêmea em Seattle? Possivelmente. Mas o mais provável é que ela aprenda a tomar essa e outras decisões com base em outros motivos que não o medo.

Guia de Referência Rápida

Arcanos Maiores

0. O Louco: siga seus sonhos
I. O Mago: use seus talentos com sabedoria
II. A Sacerdotisa: viva seus valores
III. A Imperatriz: cuide com amor, não controle
IV. O Imperador: sirva ao bem maior
V. O Hierofante: vá atrás de conhecimento superior
VI. Os Amantes: escolha sabiamente e ame profundamente
VII. O Carro: assuma o controle
VIII. A Força: manuseie o poder graciosamente
IX. O Ermitão: desafie suas crenças
X. A Roda da Fortuna: escolha suas reações com sabedoria
XI. A Justiça: escolha suas ações com sabedoria
XII. O Enforcado: sacrifício e fé
XIII. A Morte: aceitação e esperança
XIV. A Temperança: centralize-se e busque equilíbrio
XV. O Diabo: escolha seus prazeres com cuidado
XVI. A Torre: uma crença é destruída
XVII. A Estrela: renovação e orientação

XVIII. A Lua: belos sonhos e ilusões perigosas
 XIX. O Sol: felicidade e alegria
 XX. O Julgamento: preste atenção a um chamado superior
 XXI. O Mundo: conclusão de uma grande tarefa

Paus

Ás. Aventura
2. Parceria
3. Oportunidade
4. Prosperidade
5. Desafio
6. Vitória
7. Resistência
8. Rapidez
9. Resiliência
10. Fardo

Copas

Ás. Novo amor
2. Compromisso
3. Celebração
4. Tédio
5. Tristeza
6. Memórias
7. Escolhas
8. Busca
9. Realização
10. Contentamento

Espadas

Ás: Problema
2: Proteção
3: Mágoa
4: Descanso
5: Discussão
6: Decisão
7: Pressa
8: Restrição
9: Crueldade
10: Esperança

Pentáculos

Ás: Alicerce
2: Equilíbrio
3: Habilidade
4: Posses
5: Pobreza
6: Generosidade
7: Planejamento
8: Aprendizado
9: Conforto
10: Riqueza

Conheça outros títulos da Editora Ísis

Conheça outros títulos da Editora Ísis

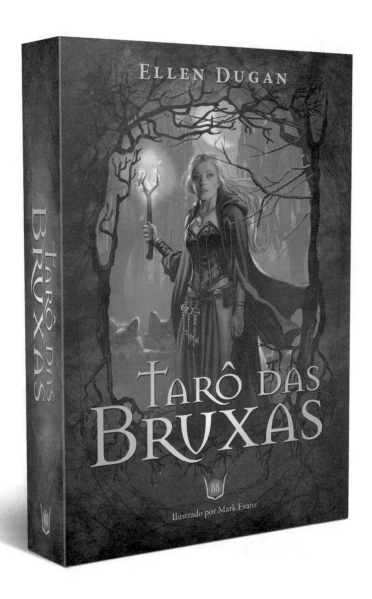

Conheça outros títulos da Editora Ísis

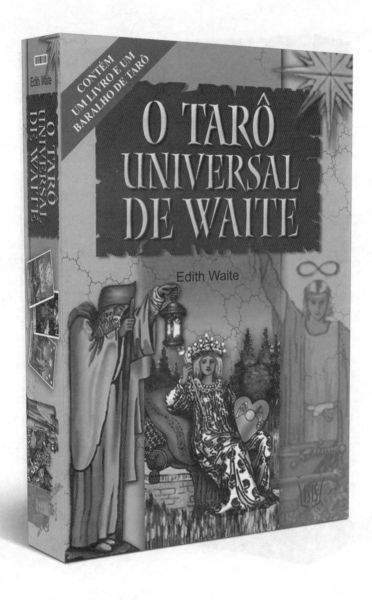

Conheça outros títulos da Editora Ísis

Conheça outros títulos da Editora Ísis

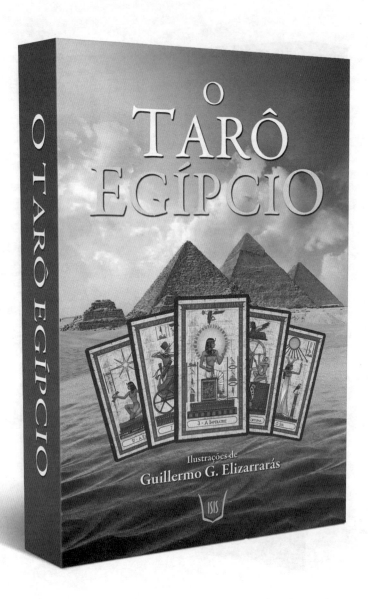

Conheça outros títulos da Editora Ísis

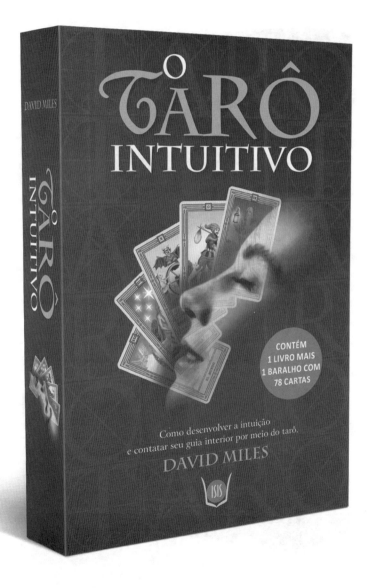

Conheça outros títulos da Editora Ísis

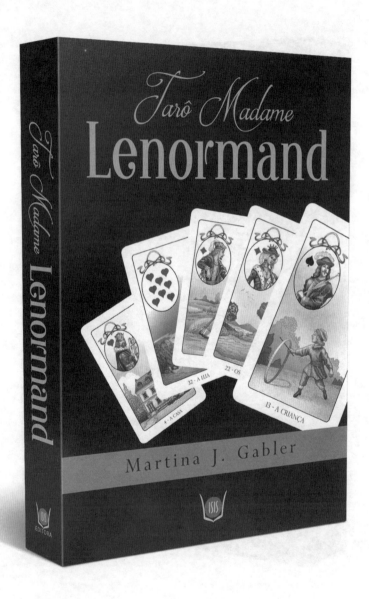